Lebenshilfe mit Kneipp

OMR DR. HANS KRAMMER

Praktischer Rat bei
Streß und Überforderung

ISBN 3-900696-22-5

© Verlag des Österreichischen Kneippbundes Ges.m.b.H., Kunigundenweg 10, 8700 Leoben, Telefon 03842 / 24094. Reihe: Lebenshilfe mit Kneipp, Band 1, Praktischer Rat bei Streß und Überforderung. Autor: OMR Dr. Hans Krammer, Facharzt für Innere Medizin, Chefarzt des Kurmittelhauses Baden, Austraße 22a, 2620 Neunkirchen. Titelfoto: Zefa. Technische Bearbeitung: Verlag des Österreichischen Kneippbundes. Druck: Obersteirische Druckerei Leoben. Leoben, Februar 1991

Lebenshilfe mit Kneipp

OMR DR. HANS KRAMMER

Praktischer Rat bei Streß und Überforderung

Für alle, die nicht »im Regen« stehen wollen!

VERLAG DES ÖSTERREICHISCHEN KNEIPPBUNDES
GES. M. B. H.

Inhalt

Die Behandlung des gestörten Ordnungsgefüges

Einführung

In diesem Band der Reihe »Lebenshilfe mit Kneipp« sollen die praktischen Möglichkeiten der Ordnungstherapie aufgezeigt werden. Zum besseren Verständnis sind Erläuterungen und vor allem Beispiele aus der täglichen Praxis in deutlich abgesetzter Kursivschrift eingeschoben. In ihnen wird der Leser die eine oder andere schwierige Situation seines eigenen Lebens, beziehungsweise manch eigenes Fehlverhalten, wiedererkennen und damit den ersten Schritt zur Beseitigung tun.

Zum Teil sind ihnen Behandlungskonzepte angeschlossen, wie sie in den speziellen Fällen erstellt wurden. Abgestimmt auf die eigenen Bedürfnisse und Möglichkeiten können sie bei gleichgearteten Beschwerden befolgt werden. Der Autor will durch diese Gestaltung nicht nur »Wissenswertes« vermitteln, sondern eine praktische »Lebenshilfe« bieten.

Die nachfolgenden Darlegungen über die einzelnen Lebensbereiche sollen helfen, die eigene Situation zu analysieren. Sie weisen auch Wege, um falsche Verhaltensweisen, die Konfliktstoffe bilden, zu korrigieren.
Zur Therapie des gestörten Ordnungssystems werden neben den »therapeutischen Gesprächen« die häufigst verwendeten Entspannungsmethoden vorgestellt, damit erforderlichenfalls das individuell am besten zusagende System ausgewählt werden kann. Zur praktischen Durchführung ist weiterführende Information in Form von Kursen und Fachliteratur zweckmäßig.

Über die weiteren vier Säulen wird im Anhang kurz informiert. Die hydrotherapeutischen Heimanwendungen sind dem vorgegebenen Umfang entsprechend nur skizziert. Der Vorinformierte wird damit zurechtkommen. Der noch nicht mit Kneipp Befaßte sei auf die einschlägige Literatur (siehe Literaturverzeichnis) und in den Kneipp-Ortsvereinen gebotenen Informationsmöglichkeiten verwiesen. Das gilt auch für die Phytotherapie, wo die einschlägigen Heilpflanzen mit ihren wesentlichen Wirkungen lediglich aufgelistet sind. Der praktische Einsatz konnte angedeutet werden. Dessen ungeachtet, sollen die phytotherapeutischen Möglichkeiten gerade auf dem hier besprochenen Krankheitsgebiet möglichst erschöpfend Verwendung finden. Sie bieten eine Reihe von Vorteilen und sind zumindest großteils frei von Nebenwirkungen. Wo ihre Grenzen sichtbar werden, muß rechtzeitig auf intensivere Therapie mit ihren eventuellen Nachteilen übergegangen werden. Bei der Bewegungstherapie wurden die Grundsätze dargelegt. Die Auswahl einzelner Teilbereiche ist weitgehend von persönlichen Neigungen und Möglichkeiten abhängig. Die Ratschläge für Ernährung beschränken sich auf allgemeine Grundregeln.

Vorerst kann bei auftauchenden Fragen auf die in den Kneippvereinen, beim Verlag des Österreichischen Kneippbundes und im öffentlichen Buchhandel angebotene Fachliteratur und selbstverständlich auch auf die Hilfe des einschlägig informierten betreuenden Arztes, verwiesen werden.

Es darf nicht verschwiegen werden, daß Ordnungstherapie im Gegensatz zu den anderen Kneippschen Methoden für den praktischen Einsatz etwas unzureichend aufbereitet wurde. Wohl fehlt es nicht an fundiertem Basiswissen und Einzelempfehlungen, doch sie erreicht kaum jenen Stellenwert, der ihr zustehen würde. Die Gründe dafür sollen hier nicht näher abgehandelt werden. Einer ist jedenfalls die Weitläufigkeit, die in alle Winkel des Seins reicht und damit die Aufdeckung der Wurzeln individueller Störungen mühevoll bis gelegentlich unmöglich macht.

Die Vielschichtigkeit von Lebensordnung und Ordnungstherapie kommt auch dadurch zum Ausdruck, daß sie nicht mit einer einzigen Definition zu erfassen sind. Verschiedenste Facetten sind bestimmend, und jede wirklich zielführende therapeutische Maßnahme muß sie in ihrer Gesamtheit berücksichtigen. Das Primat gebührt dem psychischen Bereich (A). Er steht in enger Wechselbeziehung zur Chronobiologie (B), zur ausgewogenen Mitte zwischen Leistung und Bescheidenheit (C), zu sozialen Belangen (D) und letztlich auch zu körperlichen Beschwerden (E).

(A) Der durch private oder berufliche Konflikte psychisch Überforderte kann allmählich Herzklopfen, unregelmäßige Herzaktionen oder auch andere funktionelle Organbeschwerden bekommen. Sein Ordnungsgefüge gerät aus dem Gleichgewicht, und Einflüsse von außen können nicht mehr ordnungsgemäß beantwortet werden.

(B) Der Schichtarbeiter mit wöchentlichem Wechsel der Arbeitszeit kann nie seiner »inneren Uhr«, wie sie die Chronobiologie erforscht hat, folgen. Sein von der Natur vorgegebener Arbeits-Ruhe-Rhythmus (genaueres weiter unten) wird immer wieder durchbrochen, und das führt allmählich zu funktionellen Entgleisungen. Schlafstörungen, unmotivierte Schweißausbrüche und dergleichen sind typische Alarmzeichen. Wird diesen Symptomen nicht begegnet, kann es im weiteren Verlauf auch zu organischen

Krankheiten kommen. Die beträchtliche gesundheitliche Gefährdung der Schichtarbeiter ist daher ein vieldiskutiertes, sozialmedizinisches Problem.

(C) Wir leben in einer Leistungsgesellschaft. Nur wer Leistung erbringen kann, wird als vollwertiges Mitglied anerkannt. Dieser gesellschaftliche Zwang führt nicht selten zur Überschreitung der eigenen Leistungsgrenze und damit zu einer gesundheitlichen Gefährdung. Wenn »die Latte zu hoch gelegt wird« und Körper und/oder Geist überfordert werden, droht das Ordnungssystem zusammenzubrechen. Der moderne Mensch darf daher das richtige Maß an Bescheidenheit nicht verlieren und muß seine individuellen Grenzen erkennen. Tut er das nicht, wird er früher oder später Schaden erleiden. Ein typisches Beispiel hierfür sind Kinder, die von ehrgeizigen Eltern in Schulen gepreßt werden, deren Leistungsanforderungen sie nicht gewachsen sind. Die Folgen sind morgendliche Kollapsneigung, funktionelles Erbrechen nach dem Frühstück und dergleichen.

(D) Erfolgsstreben, Eigennützigkeit und Profitgier bieten unter anderem in unserer Zeit der lauthals verkündeten, aber meist mißachteten humanen Grundwerte zahllose soziale Reibeflächen. Das gilt für den beruflichen Alltag ebenso wie für den privaten Bereich. Wenn sie nicht im menschlichen Sinne bewältigt werden, droht gesundheitliche Gefährdung, wie bei den vorerwähnten Fehlbelastungen.

(E) Der von längerfristigen Krankheiten oder Leiden Betroffene wird an den Rand der Gesellschaft gedrängt. Ein an sich zutiefst unmenschliches Beginnen, das zahlreiche Mahner auf den Plan ruft und dennoch traurige Realität ist. So muß der chronisch Kranke selbst dazu beitragen, die Begleiterscheinungen seiner Behinderung zu meistern, um weitere gesundheitliche Schäden, vor allem im psychischen Bereich, zu vermeiden. Ein Leben ***in der*** *Krankheit bringt eventuell Mitleid und materielle Absicherung. Ein Leben* ***gegen*** *die Krankheit erhöht die Lebensqualität! Warum das so ist und welche Wege einzuschlagen sind, weiter unten.*

Störfaktor des Ordnungssystems ist alles, was durch Art und Intensität die individuelle Belastbarkeit überfordert. Nicht selten kann aber auch eine zu geringe Belastung, z. B. zu geringe körperliche Tätigkeit oder zu geringe geistige Forderung (vor allem des älteren Menschen) im Sinne einer Unterforderung zur Störung des Befindens führen. Überforderungen sind nach Ursprung und Einstrombereich außerordentlich variabel und erfordern verschiedene therapeutische Zugänge. Die Kneipptherapie mit ihren fünf Behandlungsrichtungen erreicht alle Teilbereiche, wobei die Ordnungstherapie, die gemeiniglich als psychosomatisches Regulativ verstanden wird, als übergeordneter Begriff verwendet werden müßte. Der Hydro- und Bewegungstherapie ist gleichermaßen ein ordnender Effekt zuzuordnen, und auch die Ernährung kann das Ihre zum Ordnungsgefüge beitragen. Außerdem kann die Wirkung der physikalischen Behandlungsmethoden durch Einsatz der einschlägigen Phytotherapie ergänzt und gesteigert werden.

Kneippsche ***Wasserbehandlung*** *und* ***Bewegungstherapie*** *folgen ähnlichen Mechanismen. Bei beiden Methoden kann neben lokalen Effekten durch systematisch aufgebaute Serienbehandlung der älteste Teil unseres Gehirns erreicht werden. Es sind dies jene Zentren, die unserem Willen nicht unterworfen sind und die wir nicht mit Willensprozessen, sondern nur durch regelmäßiges Training in geordnete Bahnen bringen können. Durch Kneippsche* ***Vollwerternährung*** *werden dem Körper jene Stoffe zur Verfügung gestellt, die er zu einem klaglosen Stoffwechselgeschehen benötigt. Außerdem werden eine quantitative Über- und eine qualitative Fehlernährung, die beide das Ordnungsgefüge stören können, vermieden. Nicht zuletzt wird auch der kultivierten und regelmäßigen Nahrungsaufnahme als ordnendes Element entsprechend Beachtung geschenkt. Die Kneippsche* ***Phytotherapie,*** *die sich vor allem milder Heilpflanzen bedient, hat eine Reihe von unterstützenden Möglichkeiten. In Form von Tees, Tropfen, Pillen und Badezusätzen können Symptome bekämpft und die Wirkung der anderen Maßnahmen untersützt werden.*

Die nachfolgenden Ausführungen und Empfehlungen gründen sich auf die Erfahrungen langjähriger Tätigkeit in der Kneipptherapie. In die eigentliche Fachdisziplin sind unter aufmerksamer Beobachtung die Erkenntnisse der Physiologie, im speziellen der Neurophysiologie, der Chronobiologie, der Psychosomatik und Stellungnahmen von Philosophen und Theologen mit eingebunden. All dies unter Bedachtnahme fachlicher und situationsgegebener Grenzen.

Im ersten Band dieser Reihe finden sich zur Gestaltung einer gesundheitsbewahrenden Lebensordnung bereits jene Mechanismen, die Leistungsfähigkeit und Wohlbefinden bestimmen. Für Zwecke der Therapie wird hier einiges rekapituliert, um jene Punkte herauszuarbeiten, wo therapeutische Interventionen anzusetzen haben.

Die Störungen des Ordnungsgefüges und ihre Symptome

Unsere Bemühungen sind nach der Erhaltung oder bestmöglichen Wiederherstellung geordneter, von der Natur vorgezeichneter Lebensvorgänge, zur Bewältigung aller von außen oder innen kommender Anforderungen und letztlich zur Erreichung eines sinnvollen Lebens ausgerichtet. Die dafür erforderliche innere Ordnung ist ständig Belastungen ausgesetzt und soll es bis zu einem gewissen Grad auch sein. Abweichungen von individuell vorgegebenen Grenzen können nur kurzfristig bewältigt werden. Werden sie immer wieder über- oder auch unterschritten, kommt das Ordnungsgefüge in Unordnung.

Eine Störung wird sich vorerst in einer den Erfordernissen nicht entsprechenden oder unzweckmäßigen Reizantwort manifestieren. Vegetativ-hormonale Reflexionen ufern aus, Leistungserfordernisse können nicht mehr optimal erfüllt werden und endogene Belastungen führen zu organischen Dysfunktionen.

Gleichzeitig kann es zu psychischen Alterationen mit sozialen Schwierigkeiten kommen, während umgekehrt Störungen der inneren Ordnung nicht selten in zwischenmenschlichen Konflikten ihre Wurzel haben. Diese funktionellen Entgleisungen verschiedenster Organfunktionen durch gestörte Regelsysteme bedingen primär keine organpathologischen Veränderungen.

Wird gegen funktionelle Entgleisungen, die auf Grund ihrer vielfältigen Symptomatik mit verschiedenen Namen bedacht werden (»vegetative Dystonie«, »neurocirculatorische Dystonie«, »vegetative Fehlleistung« usw.) nichts unternommen, kann es zu krankhaften Organschäden kommen. Krankhafte Organveränderungen bedeuten für das Ordnungsgefüge eine zusätzliche endogene Belastung, die die ursprüngliche Entgleisung noch weiter verstärkt. Im psychischen Bereich können neurotische Konversionen manifest werden. Ein Teufelskreis, der zu seiner Unterbrechung einer möglichst frühzeitigen ganzheitsmedizinischen Behandlung bedarf.

Die Kneipptherapie gibt uns dazu das notwendige Instrumentarium!

In der Phase ausschließlich **funktioneller Entgleisungen** ohne krankhafte Organveränderungen können folgende Beschwerdebilder auftreten:

1. Allgemeinbeschwerden:

Verminderung der körperlichen und geistigen Leistungsfähigkeit durch frühzeitige Ermüdung und Mangel an Konzentrationsfähigkeit; ungenügende Entmüdung durch Ein- oder Durchschlafstörungen; emotionale Entgleisungen durch Überempfindlichkeit und leichte Erregbarkeit; Kommunikationsschwierigkeiten durch gestörtes Selbstbewußtsein und verminderte oder fehlende Konzessionsbereitschaft; Unzufriedenheit durch Mangel an Anerkennung und Erfolg.

Aus der Praxis:

55jährige Patientin, im Lehrberuf bisher erfolgreich tätig, kommt wegen vordem nicht gekannter, beruflicher Schwierigkeiten. Bei der Verbesserung von Schul- und Hausaufgaben unterlaufen neuerdings gelegentlich Fehler. Der Schlaf ist sowohl bezüglich des Einschlafens, als auch des Durchschlafens gestört. Am Morgen besteht Müdigkeit, und der früher bestandene Arbeitseifer ist durch Mißmut verdrängt. Die Kontakte mit den Schülern, der Schulleitung und den Kollegen sind nicht mehr problemlos. Die Durchuntersuchung ergab keinerlei Anhaltspunkt für eine organische Ursache dieser Beschwerden. Wohl aber ist in der Familie der streng konservativ erzogenen und denkenden Lehrerin ein bedeutendes Ereignis eingetreten.

Der Schwiegersohn, dessen akademische Ausbildung von den Schwiegereltern zum Teil mitfinanziert wurde, hat die Tochter mit zwei Kindern im Alter von vier und sieben Jahren verlassen. Die Tochter muß trotz beruflicher Tätigkeit allein die Obsorge für die Kinder tragen.

Damit ist für die Patientin die heile Welt zusammengebrochen und führte offensichtlich zu obigen Beschwerden. Nach einem ausführlichen Gespräch versucht sie, mit dem Gatten und der Tochter die Situation zu meistern. Sie leistet bestmögliche Hilfestellung und berichtet mit einem gewissen Stolz von ihrem Einsatz. Die Schlafstörungen werden mit Kneippschen Wasseranwendungen, synchronen Verhaltensregeln und mit phytotherapeutischer Unterstützung allmählich besser.

Therapieplan 1. Woche zu Fall Seite 12

HYDROTHERAPIE				
	früh	**vormittags**	**nachmittags**	**abends**
Mo		Armbad (in der Waschmuschel im Lehrerzimmer)	Knieguß anschließend warmlaufen	Wassertreten
Di	Oberkörper-waschung		Halbbad mit Baldrian	Wassertreten
Mi			Knieguß anschließend warmlaufen	Wassertreten
Do	Oberkörper-waschung	Armbad	Halbbad mit Melissen	Wassertreten
Fr			Schenkelguß mit Warmlaufen	Wassertreten
Sa	Oberkörper-waschung		Halbbad mit Baldrian	Wassertreten
So		Vollbad mit Rosmarin		Wassertreten

PHYTOTHERAPIE
Abends 1 Tasse Nerventee (Baldrian, Melisse, Hopfen).

BEWEGUNG
Der Weg von und zur Schule wird zu Fuß zurückgelegt.
Abends vor dem Zu-Bett-Gehen Spaziergang.
Wochenendwanderungen mit der Tochter und ihren Kindern.

ERNÄHRUNG
Vollwerternährung. Geregelte, sorgfältige Nahrungsaufnahme. Kräftiges Vollwertfrühstück mit Müsli, Fruchtsaft und Früchtetee.
Frühzeitiges kalorienarmes Abendessen. (Während der gesamten Behandlung und auch danach)

ORDNUNGSTHERAPIE
Gespräch mit dem Arzt. Allmähliche Bewältigung der familiären Situation.
Fernsehen mit strenger Selektion und insgesamt Reduktion.
Beschäftigung mit guter, entspannender Literatur. (Während der gesamten Behandlung und auch danach)

Therapieplan 2. Woche zu Fall Seite 12

HYDROTHERAPIE				
	früh	**vormittags**	**nachmittags**	**abends**
Mo		Armbad	Schenkelguß	Wassertreten
Di	Oberkörper-waschung		3/4 Bad mit Melisse	Wassertreten
Mi		Armbad	Schenkelguß	Wassertreten
Do	Oberkörper-waschung		3/4 Bad mit Baldrian	Wassertreten
Fr		Armbad	Schenkelguß	Wassertreten
Sa	Oberkörper-waschung		Vollbad mit Melisse	Wassertreten
So		Vollbad mit Rosmarin		Wassertreten

PHYTOTHERAPIE
Abends 1 Tasse Nerventee.

BEWEGUNG
Allmähliche Intensitätssteigerung, sonst prinzipiell wie erste Woche.

3. und 4. Woche Steigerung auf Kräutervollbäder. Ab 5. Woche allmähliche Reduktion der Wasseranwendungen unter Beibehaltung der sonstigen Maßnahmen.

2. Störungen verschiedener Organfunktionen bei normalem Organbefund: Vorrangig sind die funktionellen Abweichungen der Herz- und Kreislauffunktion. Am Herzen sind es vor allem Rhythmusstörungen in Form von unmotivierter, beschleunigter Herzfrequenz (normalerweise nur erforderlich, wenn dem Herzen eine größere Leistung abverlangt wird) und von außertourlichen Herzaktionen (Extrasystolen). Ferner treten auch brennende oder stechende Schmerzen in der Herzgegend auf, für die kein organisches Substrat gefunden werden kann. Oder der ständig der Augenblicksituation angepaßte Kreislauf kann durch unangebrachten Blutdruckanstieg (erhöhter Ruhe- oder überdurchschnittlich gesteigerter Belastungsdruck) und auch durch mangelhafte Blutdruckhöhe (Niederdruck) beziehungsweise gegensinnigen Abfall, bis zum Kollaps, entgleisen. Darüber hinaus können einzelne Körperregionen entgegen den Erfordernissen zu viel oder zu wenig durchblutet werden. Zum Beispiel der Kaltfuß, die Errötung bei emotionaler Erregung oder die klimakterischen Entgleisungen der Blutumverteilung. Auch die gefäßbedingten Kopfschmerzen sind hier anzuführen.

Aus der Praxis:

In der Alltagspraxis des Internisten stellt sich immer wieder die Frage, ob den angeführten Beschwerden an Herz und Kreislauf organische Veränderungen zugrundeliegen. Die Angaben des Patienten lassen den Erfahrenen schon gewisse Schlüsse ziehen. So treten funktionelle Beschwerden, seien es Blutdruckabweichungen oder Empfindungen in der Herzgegend, eher in Ruhe auf und bessern sich bei Belastung oder fehlen überhaupt. Körperliche Leistung wird gut vertragen und provoziert keine Beschwerden. Da es keinen Nachweis für gestörte Steuerungen gibt, müssen durch weiterführende Untersuchungen krankhafte Organveränderungen ausgeschlossen werden. Ist dies geschehen, wird dem Patienten die Ursache seiner Beschwerden erklärt. Ein Beginnen, das nicht immer leicht fällt, zumal es für den Laien schwer verständlich ist, daß ein Organschmerz bei völlig intaktem Organ auftreten kann. Nicht zuletzt neigt der von funktionellen Schmerzen betroffene Patient auf Grund seiner meist vorhandenen Persönlichkeitsstruktur zu einem gewissen Mißtrauen und will die Erklärung nicht ohne Bedenken wahrhaben. Er wird nicht selten weitere Ärzte zu Rate ziehen, um eine eventuelle Fehldiagnose auszuschließen.
Um sich diesen Weg zu sparen, sollte sich der Patient primär einen Arzt seines Vertrauens suchen und von ihm entsprechende Aufklärung verlangen. So kann er frühzeitig mit der bei funktionellen Beschwerden zweifellos langwierigeren Therapie beginnen.

Im Magen-Darm-Trakt ist eine Verzögerung oder Beschleunigung der Passage (z. B. Durchfall bei psychischen Belastungen) möglich. Weiters können in einzelnen Abschnitten krampfartige Bewegungsabläufe mit entsprechenden Beschwerden auftreten. Bekannt sind die funktionellen Beschwerden der Gallenwege, die der Volksmund mit dem Spruch »Es kommt die Galle hoch« charakterisiert. Die funktionelle Ursache ist hier meist dadurch zu erkennen, daß die Beschwerden in keinem Zusammenhang mit der Nahrungsaufnahme und der Stuhlentleerung stehen.

Aus der Praxis:

Eine korpulente Patientin klagt über heftige Beschwerden in der Gallenblasenregion (rechter Oberbauch). Sie zeigen keinen eklatanten Zusammenhang mit der Nahrungsaufnahme. Entsprechende Untersuchungen (Ultraschall, Röntgen, Labor) lassen organische Veränderungen mit Sicherheit ausschließen. Die Patientin will diesen Befund nicht wahrhaben und sucht nach und nach zahlreiche Ärzte auf. Sie wird immer damit vertröstet, daß ihre Organe gesund seien und ihre Beschwerden lediglich »von den Nerven« ausgingen. Nach nochmaligem Ausschluß krankhafter Veränderungen des Organs wird mit ihr ein ausführliches Gespräch geführt. Es stellt sich heraus, daß sie seit Jahren auf sexuellem Gebiet partnerschaftliche Probleme hat und sie sich durch Flucht in die Krankheit den Kontakten entzog. Nach diesem klärenden Gespräch hat sie den Ursprung ihrer Beschwerden akzeptiert und ist seither zu einer Mitarbeit an einer gezielten Therapie bereit.

Ferner sind Atembehinderungen möglich. Sie werden jedoch nicht als länger anhaltende Atemnot geschildet, sondern als ein »Nicht-Durchatmen-Können«, das mit einem tiefen Atemzug durchbrochen wird. Charakteristisch ist das sogenannte Globusgefühl (im österreichischen Sprachgebrauch »Es steckt ein Knödel im Hals«), die Empfindung, es wäre ein Fremdkörper im Kehlkopf, der »weder hinauf noch hinunter ginge«. Tatsächlich sind die Atemwege völlig frei.

Erwähnt seien noch die unmotivierten Schweißausbrüche — der Volksmund kennt den Angstschweiß — und die Störungen der Blasenfunktion. Prinzipiell sind in allen Körperbereichen Funktionsstörungen möglich und je nach Lokalisation ergeben sich die Beschwerdebilder.

Aus längerfristigen funktionellen Störungen können sich krankhafte Organveränderungen entwicklen und später als eigenständige Krankheiten, das heißt ohne weitere psychische Überforderung, fortbestehen. Es sind dies die psychosomatischen Erkrankungen, zu deren Prototypen die Magen- und Zwölffingerdarmgeschwüre zählen.

Aus der Praxis:

Ein leitender Beamter hatte lange Jahre seiner beruflichen Laufbahn an der Frustration durch seinen Vorgesetzten zu leiden. Er hatte ein gewaltiges Arbeitspensum zu bewältigen, während der Lohn des Erfolges vom Vorgesetzten in Anspruch genommen wurde. Unter diesen Schwierigkeiten entwickelte sich erstmals ein Zwölffingerdarmgeschwür, und regelmäßig traten im Frühjahr und Herbst Rezidive auf. Inzwischen hat der Patient auf Grund seiner erfolgreichen Arbeit volle Anerkennung gefunden. Trotzdem kommt es immer wieder zu neuerlichen Geschwüren, sodaß man von einer eigenständigen Erkrankung sprechen kann.

Funktionelle Störungen und eventuelle bereits vorhandene Organerkrankungen sind nicht selten durch die Art der Beschwerden und den Entstehungsmechanismus auseinanderzuhalten. Trotzdem bleibt ein gewisser Unsicherheitsfaktor, und deshalb wollen wir nochmals mit Nachdruck darauf hinweisen, daß man vor allem bei länger bestehenden Beschwerden eine umfassende Durchuntersuchung anstrengen muß. Leider erlebt man immer wieder Fälle, wo hinter dem Bilde einer funktionellen Störung – »es sind nur die Nerven« – schwerwiegende Erkrankungen verborgen sind und übersehen wurden. Andererseits sollte aber auch bei einmal feststehender Diagnose »Störung des Ordnungsgefüges« nicht unentwegt weiter durchuntersucht, sondern eine sinnvolle Behandlung mit Beseitigung oder Kompensation aller Ursachen eingeleitet werden. Schließlich haben Beschwerden auch ohne organische Veränderungen Krankheitswert, und die Kneippsche Ordnungstherapie nimmt sich ihrer an.

Regelsysteme – Die Hüter unserer Existenz

Regelsysteme sind für unsere innere Ordnung, für eine klaglose Kommunikation mit unserer Umgebung und letztlich zur Erhaltung unserer Existenz schlechthin, unumgänglich notwendig. Sie bestimmen Wohlbefinden und Belastungsfähigkeit und deshalb werden sie im folgenden an Hand eines Beispiels näher erläutert. Damit kann man therapeutische Zugänge aufzeigen und beim Betroffenen jenes Verständnis wecken, das für ordnungstherapeutische Korrekturen und Maßnahmen unumgänglich ist. Es soll gezeigt werden, daß die Ursachen von Störungen des Steuerungssystems sehr komplex sein können und eine erfolgversprechende Therapie alle Bereiche erfassen muß.

Das Prinzip eines Regelsystems, deren wir eine ganze Fülle haben und benötigen, läßt sich am Mechanismus zur Erhaltung der Körperkerntemperatur sehr gut erläutern. Es ist ein ständig gefordertes System, um Temperaturschwankungen der Umgebung oder veränderte innere Wärmeproduktion, zum Beispiel durch erhöhte Muskelaktivität, auszugleichen. Von außen oder innen kommende Warm- oder Kälteeinflüsse, die die Konstanz der Körperkerntemperatur stören (therapeutisch sind es die dosierten thermischen Reize der Kneippschen Hydrotherapie), werden durch Rezeptoren erfaßt.

Es sind dies in der Haut gelegene Temperaturfühler, die für warm und kalt getrennt sind und deren Zahl an den einzelnen Körperregionen verschieden ist. Für die Hydrotherapie ist von Bedeutung, daß es weit mehr Registrierstellen für Kaltreize als für Warmreize gibt.

Sind Abweichungen wahrgenommen, werden Signale über Nervenbahnen vorerst zum Rückenmark geleitet. Dieses setzt sich entsprechend den zwischen den Wirbeln ein- und austretenden Nervenwurzeln aus verschiedenen Segmenten zusammen. Verbindungen der von der Peripherie kommenden und zur Peripherie führenden Nerven erlauben sogenannte segmentale, in gleicher Höhe gelegene, Reflexe. Das heißt, daß die ankommenden Signale eine unmittelbare, von unserem Willen unbeeinflußte, kurzwegige Reizantwort bewirken.

Außerdem werden Signale über im Rückenmark verlaufende aufsteigende Bahnen zum zuständigen Zentrum im Zwischenhirn, dem **Hypothalamus,** gesandt. Dort erfolgt die Verarbeitung des gemeldeten Reizes und die Veranlassung allenfalls erforderlicher Gegenmaßnahmen. Unter

Umständen erfolgt auch eine Weiterleitung an andere Gehirnregionen, wie der Hirnrinde (wodurch uns die Temperatureinwirkung bewußt wird).

Der Hypothalamus gehört entwicklungsgeschichtlich zu den ältesten Abschnitten des Gehirns. Er kann willentlich nicht beeinflußt werden und kann bei Funktionsstörungen nur durch systematisches Training (z. B. durch aufbauende Hydrotherapie, Bewegungstherapie, autogenes Training etc.) wieder zur Norm gebracht werden. Er hat zahlreiche Verbindungen zu anderen Zentren des Gehirns.

Unter anderem bestehen Bahnen zum Leistungszentrum (Formatio reticularis), von dem aus die augenblickliche Leistungsfähigkeit bestimmt wird. Vom sogenannten limbischen System, in dem die Gefühlsregungen ihre Zentrale haben, strömen emotionale Impulse ein. Verbindungen zur Großhirnrinde informieren über gewollte Aktivitäten usw. Diese Vernetzungen sind nicht als Einbahnen zu verstehen, sondern Impulse verlaufen in der Regel in beiden Richtungen ab. So können emotionale Erregungen bei gestörtem Ordnungsgefüge zu vegetativen Fehlleistungen und umgekehrt kann ein mobilisierter Hypothalamus zu emotionalen Entladungen führen. Aus der Hydrotherapie weiß man, daß die Reizantwort auf einen hydrotherapeutischen Reiz von der augenblicklichen Stimmungslage abhängig ist. Jeder Kneipp-Bademeister kennt dieses Phänomen und wird darauf Rücksicht nehmen. Der »hochrote Kopf« (durch keineswegs notwendige Erweiterung der Hautgefäße des Gesichtes) bei Ärger in Zwangssituationen ist ebenfalls bekannt!

Die Verbindung zur Großhirnrinde kommt dadurch zum Ausdruck, daß zum Beispiel hydrotherapeutische Reize, wenn sie einen gewissen Schwellenwert überschritten haben, auch zur Großhirnrinde gemeldet werden und damit zum Bewußtsein gelangen. Wir empfinden Wärme oder Kälte an einer bestimmten Körperregion und können uns willensmäßig zu entsprechenden Gegenmaßnahmen entschließen. Zum Beispiel bei Kälteinwirkung Muskelaktivität, um die Temperatur durch erhöhte Wärmeproduktion auszugleichen. Im Gegensatz dazu wird uns der ständig ablaufende Ausgleich der Umgebungstemperatur nicht bewußt, das heißt, die Großhirnrinde wird nicht eingeschaltet.

Die Verbindung zum Leistungszentrum muß auch in der Hydrotherapie Berücksichtigung finden. Man kennt die Tagesleistungskurve mit einem Tief in der Ruhephase (siehe Chronobiolgie) und einer Mittagssenke nach dem Mittagessen. Deshalb wird man die Behandlungszeiten danach ausrichten.

Zusammenfassend ist für die Ordnungstherapie die Erkenntnis wichtig, daß bei ordnenden Maßnahmen emotionale Reflexionen, der Leistungspegel im Leistungszentrum, willensmäßige Einströmungen und Eindrücke, die durch die anderen Sinnesorgane aufgenommen werden, zu berücksichtigen sind. Daraus ergibt sich zum Beispiel die Forderung, die Therapie zumindest einleitend im geänderten Milieu in entspannter Atmosphäre mit kontrollierbaren und dosierbaren Einwirkungen, wie sie Kneippkurhäuser bieten, zu betreiben.

Nach dieser sicherlich auch für den Laien verständlichen Schilderung der Funktion der Regelzentrale mit ihrer Abhängigkeit von anderen Zentren des Gehirns, zurück zum weiteren Ablauf in unserem Temperatur-Regelsystem, mit dem wir die Charakteristik eines physiologischen Regelkreises darlegen wollen.

Die **Aufnahmeorgane** sind die Temperturfühler der Haut und auch im Körperinneren, da nicht nur Temperaturveränderungen von außen, sondern auch Schwankungen im Organismus, zum Beispiel durch erhöhte chemische Wärmeproduktion bei gesteigerten Stoffwechselvorgängen oder bei erhöhter Muskelaktivität, ausgeglichen werden müssen.

Regelzentrale ist der Hypothalamus mit seinen Einströmungen von anderen Gehirnzentren. Von ihm kommen die erforderlichen Regelimpulse zu den **Stellgliedern** in der Peripherie, die ihrerseits die registrierte Veränderung auszugleichen haben. Entgleisungen dieses Ordnungsgefüges können durch Störungen einer oder mehrerer Stationen und vor allem durch negative Einströmungen von zugeschalteten Zentren auftreten. Die Therapie wird nach entsprechender Klärung an der Störstelle anzusetzen haben.

Es bleibt noch zu erwähnen, daß der Hypothalamus eine enge Verbindung zur Hirnanhangdrüse – der Hypophyse – hat. Sie wiederum ist das Steuerungsorgan für alle im Körper befindlichen hormonbildenden Drüsen. Bei größeren Aktionen und Reaktionen kann auf diesem Wege auch das Hormonsystem zugeschaltet werden. Zum Temperaturausgleich der tageszeitlichen Schwankungen wird das vegetative Nervensystem mit dem Hypothalamus, das im übrigen auch hormonartig wirkende Stoffe bildet, ausreichen. Bei einem intensiveren Kaltreiz wird auch die Nebenniere, die Adrenalin etc. ausschüttet, eingeschaltet.

Es müssen daher bei Erstellung der Diagnose eventuelle Funktionsstörungen der hormonbildenden Drüsen, zum Beispiel eine Über- oder Unterfunktion der Schilddrüse ins Auge gefaßt werden.

Praktischer Ablauf:

Leitmotiv ist die Konstanterhaltung der Körperkerntemperatur. Die Stellglieder im Temperaturregelkreis sind die Hautgefäße, die Schweißdrüsen (das zirkulierende Blut ist der Wärmetransporteur) und die physikalische (durch Muskeltätigkeit) und chemische (durch Stoffwechselvorgänge) Wärmeproduktion. So wird ein einströmender Kaltreiz vorerst durch eine Verengung der Hautgefäße abgewehrt. Nach Abklingen des Reizes muß die abgekühlte Körperregion wieder erwärmt werden und deshalb werden die Hautgefäße reaktiv von der Regelzentrale weitgestellt. So ergibt sich bei Kalteinwirkung eine Blässe und anschließend ein Rötung; vorausgesetzt, die Gefäße sind noch gut elastisch und nicht durch Abnützungserscheinungen starr.

Wenn die Wärmereserven des Körpers zum Kälteausgleich nicht ausreichen, wird zusätzlich Wärme gebildet. Andererseits wird bei übermäßiger Wärmezufuhr oder Wärmeproduktion, wenn der Temperaturausgleich über die Hautgefäße nicht ausreichend oder bei hohen Außentemperaturen nicht möglich ist, die Schweißproduktion zugeschaltet. Durch Verdunsten des Schweißes mit kräftigem Wärmeentzug wird dann die Hitzeeinwirkung ausgeglichen.

In Abb. 1 haben wir einen Regelkreis, wie er der Technik entlehnt ist, dargestellt. Abb. 2 zeigt speziell den Temperaturregelkreis.

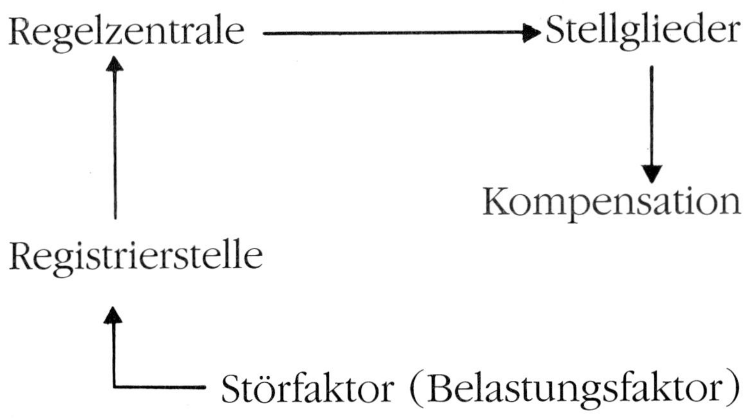

Abb. 1 Regelkreis, wie er aus der Technik geläufig ist.

Störungen des Regelsystems sind theoretisch an allen Stationen möglich, kommen aber praktisch vorwiegend von jenen Gehirnbereichen, die auf die Reaktion der vegetativen Zentren direkten Einfluß nehmen. Dies sind, wie im Text erwähnt, die Großhirnrinde, das Leistungszentrum, die emotionsbestimmenden Areale und jene Gebiete, die Sinneseindrücke verarbeiten. Zum Beispiel Fehlleistungen durch Erregung, Lärmüberlastungen, willentliche Überforderungen, Übermüdung usw.

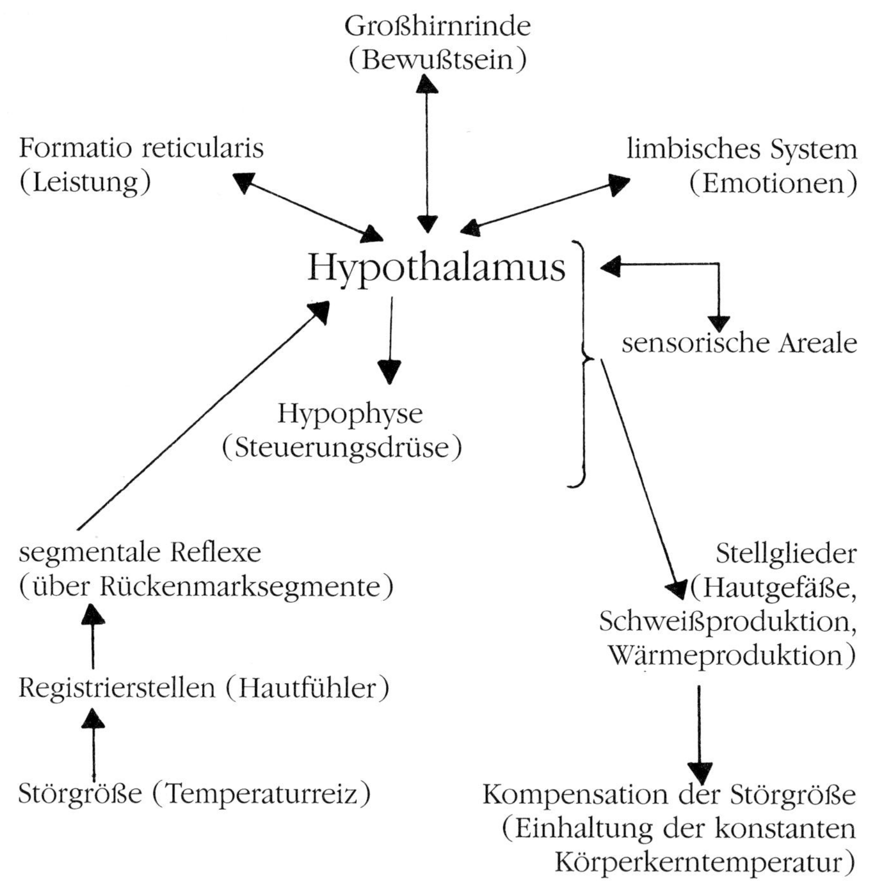

Abb.2 Temperaturregelkreis

Unser Körper verfügt über eine Fülle derartiger Regelkreise, die alle dem gleichen Prinzip folgen.

Herausgegriffen seien die Regelkreise zur Regulation des Blutdruckes, zur situationsgerechten Pumparbeit des Herzens und zur Erbringung gewollter Leistungen. Im letzteren Fall kommt der Impuls von außen in Form eines Auftrages oder eines eigenen Entschlusses, eine bestimmte Tätigkeit auszuführen. Der vegetativen Zentrale obliegt es, durch Mobilisation von Herz, Kreislauf, Atmung usw. die Voraussetzungen zur Erbringung einer Leistung zu veranlassen.

Diese Beispiele sollen zeigen, welch zentrale Bedeutung dem **hypothalamisch-hypophysären System** bei allen Lebensäußerungen und allen Aktivitäten zukommt. Sie erklären auch, wie vielfältig die Symptome bei Entgleisungen der vegetativen Steuerung sein können. Jede Organfunktion ist davon abhängig, und dementsprechend können allerorts funktionelle Beschwerden auftreten.

In unserer hektischen Zeit ist dieses Steuerungssystem andauernd besonders intensiv belastet und deshalb nicht selten überlastet und letztlich allen Folgen des gestörten Ordnungsgefüges ausgesetzt. Um es gar nicht so weit kommen zu lassen, müssen Überforderungen vermieden, natürliche Forderungen geregelt und dem naturgegebenen Arbeits-Ruhe-Rhythmus Rechnung getragen werden. Im nachfolgenden Einzelheiten der zeitlichen Ordnung, der eine zentrale Stellung zukommt.

Chronobiologie – der zeitliche Aspekt des Ordnungssystems

Ordnung bedeutet die Bewahrung oder Wiederherstellung geordneter Funktionsabläufe und damit treten die zeitlichen Strukturen des Organismus in den Vordergrund. Sie sind Ausdruck des Lebens schlechthin.

Für ordnungstherapeutische Maßnahmen sind die **langwelligen Rhythmen** (Wechsel nach Stunden, Tagen, Wochen, Monaten) relevant, da sie den Wechsel von Leistung und Erholung, beziehungsweise Anpassungsprozesse beinhalten. Fortgesetzte gegensinnige Verhaltensweisen gegen vorgegebene Rhythmen bereiten eine Überforderung mit negativen Folgen. Desgleichen führen willkürlich gehäuft ausgelöste exogene Rhythmen (siehe unten) zu Störungen der Regelsysteme. Ordnungstherapie ist das Einordnen in physiologische Zeitabläufe und auch die anderen therapeutischen Maßnahmen (Hydrotherapie, Bewegungstherapie) sind phasengerecht einzugliedern.

Kurzwellige Rhythmen (Bruchteil von Sekunden, Sekunden, Minuten) betreffen Organfunktionen, wie Herztätigkeit, Atmung, Flimmerepithel usw., die normalerweise in die langwelligen Rhythmen eingefügt sind. Bei gestörtem Ordnungsgefüge sind sie durch inadäquate Abweichungen Parameter zur Registrierung der Schwere der Störung und bringen die den Patienten irritierende Symptomatik, wie »Herzklopfen« usw. Rhythmen sind also sowohl bezüglich der Ursache als auch zur Gestaltung zweckgerichteter Therapie von Bedeutung. Deshalb die ausführliche Darstellung.

Vordergründig steht der **Tag-Nacht-Rhythmus,** oder besser der **Arbeit-Ruhe-Rhythmus,** da mit letzterer Bezeichnung bereits eine physiologische Notwendigkeit zum Ausdruck gebracht wird. Es handelt sich dabei um einen komplexen endogenen (inneren) Rhythmus, der von exogenen (äußeren) Zeitgebern abhängig ist. Im Laufe des Tages unterliegen wir einer von außen diktierten **heteronomen Ordnung,** die auf Arbeit und Leistung im physischen und geistigen Bereich ausgerichtet ist. Die Regelsysteme sind auf einen hohen Empfindlichkeitspegel eingestellt. Herz – Kreislauf – Atmung werden über das vegetativ-hormonale System zur leistungsgerechten Mehrarbeit angeregt, und auch der psychische Bereich wird auf kommunikative Erfordernisse eingestellt. Kurz gesagt, es geschieht all das, was zum Bestehen in der Umwelt erforderlich ist.

Im Gegensatz dazu ist die **autonome Ordnung** der Nacht, während der Schlafphase, nach innen gerichtet und dient der Erholung und Regeneration. Organfunktionen werden auf einen möglichst niedrigen Schongang zurückgenommen und die Ansprechbarkeit der Regelsysteme ist auf ein Minimum reduziert. Gleichzeitig wird durch biochemische Prozesse neue Leistungsbereitschaft vorbereitet. Der Tag ist demnach ein **ergotrop** (leistungsorientierter), die Nacht ein **trophotrop** (erholungsorientierter) bestimmter Zeitraum. Im ausgewogenen rhythmischen Wechsel von Arbeit und Ruhe wird der Fortbestand allen Lebens gesichert.

Dieser Rhythmik folgen instinktiv alle Lebewesen unserer Erde, um ihren Bestand zu sichern und sich zu behaupten. Allein der Mensch hat Kraft seines Geistes mannigfaltige Variationen erdacht, die der natürlichen Ordnung zuwiderlaufen und dadurch gesundheitliche Gefahren bergen. Ein Extrembeispiel ist die Schichtarbeit mit wöchentlichem Schichtwechsel. Die Folgen sind vegetative Fehlsteuerungen, Leistungsminderung und Unbehagen bis zu psychosomatischen Erkrankungen.

Im übrigen sind die nachfolgenden Zeitabläufe Mittelwerte, die von Mensch zu Mensch Schwankungen unterliegen, ansonsten aber ein sehr beständiges Muster bieten. Die beiden Extreme sind die **Nacht- und Morgentypen.** Die einen, vom Volksmund als die **Eulen** bezeichnet, haben ihr Leistungsoptimum mit allen typischen Werten der einschlägigen Parameter in den Abendstunden, während die **Lerchen** zeitig am Morgen lebensfroh den Tag beginnen. Die Zahl dieser Extremtypen wird mit etwa 20 % der Gesamtbevölkerung beziffert. Die restlichen 80 % folgen der durchschnittlichen Spontanrhythmik mit einer leistungsorientierten **Aufheizphase** zwischen 3.00 und 15.00 Uhr, wobei die als meßbare Größe verwendete Körperkerntemperatur durch gedrosselte Wärmeabgabe und eventuell vermehrte chemische Wämreproduktion allmählich ansteigt. Von ca. 15.00 Uhr bis 3.00 Uhr folgt die erholungsorientierte **Abkühlphase,** in der die Umstellung gegensinnig erfolgt. Die Wärmeabgabe ist gesteigert, während der Energieumsatz gedrosselt wird.

Ein Tausch der ergotropen und trophotropen Phase kann nicht abrupt erfolgen. Es bedarf eines Umstellungszeitraumes von ein bis zwei Wochen und darin liegt das Dilemma des Schichtarbeiters mit wöchentlichem Wechsel. Er kann seine innere Uhr nie richtig umstellen und wird dadurch gesundheitlich gefährdet. Andere Schichtwechselsysteme stehen in Diskussion, scheinen aber auch keine idealen Lösungen zu bringen.

Dic Umstellung von Nacht- auf Morgentypen und umgekehrt scheint zumindest kurzfristig ohne nachteilige Folgen kaum möglich zu sein.

Der normale **Wechsel von Aufheiz- und Abkühlphase** muß bei der Verabreichung temperaturmäßig abstufbarer hydrotherapeutischer Reize im Rahmen ordnungstherapeutischer Maßnahmen berücksichtigt werden. Gleichsinnig erfolgende Anwendungen, also Wärmereize in der Aufwärmphase und Kaltreize in der Abkühlphase werden milder wirken und die Ausgeglichenheit fördern; zum Beispiel das abendliche Wassertreten und kalte Wadenwickel beim Zubettgehen, um die Schlafbereitschaft zu verbessern. Gegensinnig verabreichte Reize zeigen wesentlich intensivere Wirkung und bringen eine allgemeine Tonisierung, wie die kalte morgendliche Oberkörperwaschung. Im Rahmen der Kneipptherapie ist die zeitlich unterschiedliche Reizantwort seit langem empirisch bekannt und wird vor allem bei älteren oder labilen Patienten besonders berücksichtigt. Unter Bedachtnahme dieses tageszeitlichen Rhythmus können wir die Kneippsche Hydrotherapie besonders effektvoll gestalten.

Wir haben oben bereits erwähnt, daß durch rhythmischen Wechsel von Arbeit und Ruhe das Ordnungsgefüge aufrecht erhalten bleibt. Die ergotrope **Belastungsphase** kann nicht unbeschränkt ausgedehnt werden, da es sonst zu einem Zusammenbruch kommen würde. Alle Aufputschmittel können die vorgegebene Rhythmik nur in begrenzten Bereichen variieren und führen bei fortgesetzter Verwendung ohne kompensierende Ruhephasen zu funktionellen und später organischen Schäden. Frühzeitig führt die mangelnde Nützung der vorgegebenen Ruhephasen zu Schlafstörungen, damit zu mangelhafter Entmüdung und in weiterer Folge treten Leistungseinbußen auf. Nachfolgend der ganze Ablauf, wie er schon geschildert wurde.

Umgekehrt darf auch die **trophotrope Phase** nicht willkürlich überzogen werden. Leben bedarf der ständigen Forderung und wenn sie reduziert wird, sinkt die Aktivitätsbereitschaft. Körperliche und geistige Leistungsfähigkeit werden eingeschränkt, wie dies bei krankheitsbedingter längerer Rekonvaleszenz deutlich wird.

Weitere langwellige Rhythmen sind der **Menstruations- und der Jahresrhythmus.** Ersterer, als endogener Rhythmus durch die Zyklusphasen bestimmt, unterliegt starken individuellen Schwankungen und ist von der Zyklusdauer abhängig. Er wird außerdem durch hormonelle Kontrazeptiva wesentlich beeinflußt. Ganz allgemein kann man sagen, daß während der Follikelphase (1. Zyklushälfte bis zum Eisprung), mit tieferen Temperaturen und geringerem Grundumsatz, experimentell bei einem kalten Armbad eine höhere Kälteempfindlichkeit zu registrieren und die Wiedererwärmungszeit der Hände verlängert ist. Umgekehrt besteht in der Corpus-luteum-Phase (2. Zyklushälfte) eine erhöhte Wärmeempfindlichkeit mit entsprechenden Auslenkungen bei warmen Anwendungen. Weiters ist eine gelegentlich auftretende Oedemneigung in der vormenstruellen Phase diätetisch zu berücksichtigen. Die vormenstruell nicht seltenen Stimmungsschwankungen, meist verbunden mit orthostatischen Kreislaufschwierigkeiten, sind beim Behandlungsplan mit einzukalkulieren. Unabhängig von diesem endogenen Rhythmus sollte eine Kurbehandlung nach Abklingen der Menstruation begonnen werden, um eine eventuelle Unterbrechung oder Einschränkung der Hydrotherapie zu vermeiden.

Der **Jahresrhythmus** ist aus dem Tierreich hinlänglich bekannt. Der Winterschlaf von Insekten, Reptilien und manchen Säugetieren bedeutet eine extrem trophotrop bestimmte Phase. Alle Lebensfunktionen werden auf ein Minimum reduziert und die von außen kommenden Reize durch »Verkriechen« weitgehend ausgeschaltet. Demgegenüber ist die warme Jahreszeit auf Belastung ausgerichtet, mit tageszeitlich trophotrop-ergotropem Wechsel.

Der Mensch hat durch zivilsatorische Errungenschaften die natürlichen Zeitgeberimpulse Licht und Temperatur großteils verdrängt und sich damit auch jahreszeitlich emanzipiert. Trotz allem kann man mit verschiedenen Modellen ein durchschnittliches Leistungsminimum im Feber und ein Maximum im August dokumentieren. Für die praktische Ordnungstherapie ist dieser Rhythmus von eher untergeordneter Bedeutung. Versuche, Kurerfolge jahresrhythmisch einzuordnen, haben keine signifikanten Ergebnisse gezeitigt. Für die Kurerfolgsprognose sind sicherlich andere Faktoren, wie berufliche Verhältnisse, soziale Umwelt usw. viel entscheidender. Zum Beispiel wird ein Kaufmann in der winterlich ruhigen Jahreszeit nach der Inventur einen besseren Kurerfolg erzielen, als wenn er im Sommer bei intensivem Geschäftsgang sein Unternehmen für 3 bis 4 Wochen allein läßt.

Die langwelligen Rhythmen werden durch geophysikalisch vorgegebene Zeitgeberimpulse (Licht, Temperatur und die dadurch verursachten Umweltbedingungen) bestimmt.

Die kürzer- und kurzwelligen Rhythmen, deren Frequenz auf das Organ abgestimmt ist, gliedern sich in die langwelligen Phasenverschiebungen ein. Für die Ordnungstherapie besonders relevant sind davon Puls und Atmung, beziehungsweise ihr ganzzahliges Verhältnis zueinander (4 : 1). Sie liefern unter anderem bevorzugte, leicht erhebbare Meßdaten zur

Erfassung von Augenblicksituationen und für Verlaufskontrollen bei Serienbelastungen im Rahmen einer Kur oder auch bei konsequenter Heimbehandlung. Abweichungen von der Norm sind nicht selten vorrangige Symptome von Fehlsteuerungen. Vor allem ist die schlechte Anpassung an dosierte Belastungen ergometrisch zur Beurteilung der Schwere der Störung nachvollziehbar. Andererseits signalisiert eine Normalisierung die Besserung der Erkrankung.

Aus der Praxis:

Eine 26jährige Sekretärin sucht wegen zeitweilig heftigen Herzklopfens und stechender Schmerzen unabhängig von Belastung zur Abklärung die Ordination auf. Anamnestisch gibt Patientin an, abends spät schlafen zu gehen und morgens kaum aus dem Bett zu kommen. Um ihren Kreislauf einigermaßen anzukurbeln, trinkt sie morgens einige Tassen Kaffee. Damit kann sie in den Vormittagsstunden ihren beruflichen Pflichten nachkommen. Bei reichlicherem Arbeitsanfall verspürt sie die beschriebenen Herzbeschwerden und nimmt dagegen Beruhigungsmittel. Schwindelgefühl wurde kaum bemerkt.

Obwohl sie spätabends nach Versorgung der Kinder und des Haushalts todmüde ins Bett fällt, kann sie schwer einschlafen, zumal sie heftiges Herzklopfen bekommt. Diese Beschwerden kann sie tagsüber kaum registrieren.

Die klinische Untersuchung des Herzens und das Ruhe-EKG ergeben keine krankhafte Organveränderung. Auch der Blutdruck ist in Ruhe mit 130/80 normal. Bei der stufenweisen Belastung mit dem Fahrradergometer kann die volle Belastung erbracht werden. Es kommt allerdings zu einer überdurchschnittlichen Steigerung der Herzfrequenz und auch des Blutdruckes. Nach Beendigung der Belastung in der anschließenden Ruhepause geht wohl der Blutdruck rasch wieder zur Norm zurück, jedoch die Frequenzbeschleunigung bleibt längere Zeit bestehen. –Die sogenannte Rückkehrzeit ist verlängert. Es ist damit die Diagnose eines hyperkinetischen Herzsyndroms bei normalem Organbefund geklärt. Eine typische funktionelle Störung. Eine umfassende Kneipptherapie kann erfolgversprechend eingeleitet werden.

Therapieplan 1. Woche zu Fall Seite 28 (während Krankenstand)

HYDROTHERAPIE				
	früh	**vormittags**	**nachmittags**	**abends**
Mo	Oberkörper-waschung	Knieguß zum Abschluß der Morgentoilette	Armbad mit Baldrian	Wadenwickel
Di	Oberkörper-waschung	Armbad mit Fichtenzusatz	Herzkompresse mit Essigwasser	Wassertreten
Mi	Oberkörper-waschung	Knieguß	Armbad mit Baldrian	Wadenwickel
Do	Oberkörper-waschung	Armbad mit Fichtenzusatz	Herzkompresse mit Essigwasser	Wassertreten
Fr	Oberkörper-waschung	Knieguß	Armbad mit Baldrian	Wadenwickel
Sa	Oberkörper-waschung	Armbad mit Fichtenzusatz	Herzkompresse mit Essigwasser	Wassertreten
So	Oberkörper-waschung	Knieguß	Armbad mit Baldrian	Wadenwickel

PHYTOTHERAPIE
Vormittags und nachmittags 1 Tasse Herztee aus Crataegusblüten (Weißdorn), Convallarienkraut (Maiglöckchen), zu gleichen Teilen 30,0; Melissenblätter, Baldrianwurzel, zu gleichen Teilen 20,0; 2 Teelöffel auf 1 Tasse als Aufguß.

BEWEGUNG
Tagsüber und abends zügige Spaziergänge.
Zum Wochenende Wanderungen und Radfahrten mit der ganzen Familie. Autofahrten auf notwendiges Minimum beschränkt.

ERNÄHRUNG
Vollwerternährung mit kräftigem Frühstück und sehr bescheidenem Abendessen.
Zum Frühstück Malventee (besteht aus Nubienblüten = Flores Hibisci, ein Malvengewächs). 1 Eßlöffel Droge auf 1 l Wasser.
Frühstück und Abendessen in Ruhe mit Gatten und Kindern. Auch Zeit zu Gesprächen ohne Spannung.
Vollwerternährung für die ganze Familie.

ORDNUNGSTHERAPIE
Nach klärendem Gespräch Einbindung des Gatten und der Kinder in die Hausarbeit, dadurch mehr Zeit für die eigene Person.
Urlaub im Mittelgebirge mit Wandermöglichkeiten, Beerensuchen und Naturerlebnissen. Zeit für die Kinder.
Erbauliche Literatur in den wenigen Mußestunden.
Zum Wassertreten ganze Familie einladen.

Therapieplan 2. Woche zu Fall Seite 28

HYDROTHERAPIE				
	früh	**vormittags**	**nachmittags**	**abends**
Mo	Oberkörper-waschung	Armbad im Büro	Halbbad mit Baldrian	Wassertreten
Di	Oberkörper-waschung	Knieguß zu Hause	Herzkompresse mit Essigwickel	Wadenwickel
Mi	Oberkörper-waschung	Armbad	Halbbad mit Baldrian	Wassertreten
Do	Oberkörper-waschung	Knieguß	Herzkompresse mit Essigwickel	Wadenwickel
Fr	Oberkörper-waschung	Armbad	Vollbad mit Baldrian	Wassertreten
Sa	Oberkörper-waschung	Knieguß	Herzkompresse mit Essigwickel	Wadenwickel
So	Oberkörper-waschung	Schenkelguß	Vollad mit Baldrian	Wassertreten

PHYTOTHERAPIE
Wie erste Woche.

BEWEGUNG
Wie erste Woche. Intensität etwas steigern.
Wanderungen und Radfahrten ausdehnen.

ERNÄHRUNG
Wie erste Woche. Eventuell gelegentlich eine Tasse Kaffee. Vollwerternährung auf Dauer einhalten.

BEWEGUNG
Beibehaltung der Prinzipien wie für die erste Woche angegeben und Versuch, das Leben auf Dauer danach auszurichten.

In der dritten Woche gleiche Hydrotherapie und Phytotherapie. Ab der vierten Woche bei Besserung allmählich die Anwendungen reduzieren. Herztee nur mehr morgens 1 Tasse. Oberkörperwaschung und Wassertreten durch längere Zeit.

Für die Wirkung der komplexen Kneipptherapie im Sinne der Ordnungstherapie sind neben den angeführten Rhythmen die durch willkürliche Reizeinströmungen (Anwendungen) ausgelösten **reaktiven Perioden** nach einmaliger Behandlung und nach Serienbehandlungen im Rahmen des Kurgeschehens von Bedeutung. Der unmittelbare Effekt nach einer Anwendung verläuft entsprechend der Reizstärke, der endogenen Rhythmusphase und dem individuellen Reizantwortmuster nach konstantem Schema. Reiz und Reizantwort bedingen einen funktionalen Ablauf von ca. 2 Stunden Dauer, dessen Systematik nicht durch einen neuerlichen Reiz gestört werden soll. Eine Bestätigung, daß die schon seit langem empirisch gefundene Notwendigkeit, nach jeder hydrotherapeutischen Anwendung eine Ruhepause einzuschalten, und zwei Anwendungen durch ein entsprechendes Intervall zu trennen, wohl begründet ist.

Eine Distanzierung, die bei reaktiven Perioden im Sinne des ungestörten Ablaufes notwendig ist, fehlt bei nicht dosierbaren Belastungen im Alltag. In unserer hektischen Zeit mobilisieren bewußte Aktivitäten, aber auch unbewußte Einströmungen (Lärm, Licht, Geruch, Temperatur, Druckwellen) fast pausenlos das hypothalamisch-hypophysäre System. Die notwendigen Erholungsphasen, wie sie alles Lebende benötigt, werden verdrängt. Das geht eine Weile, deren Dauer von individuellen Komponenten abhängig ist, gut. Schließlich kommt es aber doch zum Versagen mit allen möglichen Symptomen, wie wir es schon geschildert haben. So sind die reaktiven Perioden jener Angelpunkt, der Überforderungen zu Störungen mit Krankheitswert werden läßt und worauf wir bei der Therapie besonders Bedacht nehmen müssen.

Zurück zur Hydrotherapie und zur Periodik einer Kneippkur. Durch die Einzelanwendung wird eine gesteuerte und dosierte Belastung mit kalkulierbarer Antwort durchgeführt. Eine vegetativ bedingte Dysharmonie der Organfunktionen kann jedoch damit noch nicht ausgeglichen werden. Erst im Rahmen konsequenter serienmäßiger Anwendungen während einer Kur ist ein Trainingseffekt zu erzielen, und die Funktionen nähern sich allmählich ihren ökonomischen Grundformen. Das heißt bei **planmäßiger Seriengestaltung** verändert sich die Reizantwort allmählich, und schließlich werden physiologische Normwerte erreicht. Das bedeutet in der Praxis, daß die Regelsysteme wieder normal funktionieren. Das hypothalamisch-hypophysäre System steuert die Stellglieder wieder leistungsgerecht. Die Herzarbeit (Pumparbeit und Herzfrequenz) wird der Belastung entsprechend angepaßt, die Atmung wird nur dem Sauerstoffbedarf adäquat gesteigert usw. Ein experimentell belegbarer Effekt bei sachgemäß und konsequent betriebener Kneipptherapie, unter sinnvoller Kombination aller fünf Behandlungsrichtungen.

Dieser Vorgang der Harmonisierung und Normalisierung zeigt aber keinen linearen Verlauf mit allmählicher, steter Besserung, sondern folgt einem Circaseptanrhythmus (7-Tage-Rhythmus) mit ergotropen Ausuferungen, die als **Kurkrisen** hinlänglich bekannt sind. Bevorzugt sind der 7., 14. und 21. Tag nach Kur- oder Behandlungsbeginn mit mehr oder weniger ausgeprägten individuellen Schwankungen. Wenn in diesem Rahmen verstärkte Beschwerden oder Befindensstörungen auftreten, darf das nicht beunruhigen. Sie verschwinden in der Regel nach ein bis zwei Tagen. Man muß dies ausdrücklich festhalten, da der Patient sonst den eingeschlagenen ordnungstherapeutischen Weg mit Kneippscher Hydrotherapie als für ihn ungeeignet empfindet und wieder aufgibt.

Im übrigen kann man zwei grundsätzlich verschiedene Verlaufsmuster von Kurkrisen abgrenzen. Einmal die frühreaktiven Patienten mit ergotroper Ausgangslage (entsprechend dem hyperaktiven A-Typ nach LAMPERT), bei denen die siebentägige Periodik dominiert und die anfangs ausgeprägte reaktive Schwankungen haben, die in der 3. und 4. Kurwoche allmählich abklingen. Als Gegenpol die spätreaktive Gruppe (entsprechend dem eher introvertierten, gehemmten B-Typ nach LAMPERT) mit trophotroper Ausgangslage, die meist einer zehntätigen Rhythmik unterliegt, deren aktive Auslenkungen allmählich gesteigert werden und gegen Ende der dritten Kurwoche zur Kurkrise führen. In der vierten Woche erfolgt die Annäherung zur sinnvollen Grundordnung. Aus der Kurperiodik ergibt sich die erforderliche Kurdauer, die vor allem bei den spätreaktiven Typen mit vier Wochen anzusetzen ist und die als Heimbehandlung in reduzierter, aber doch konsequenter Form fortgesetzt werden soll.

Die **kritischen Kurtage** mit unter anderem gesteigerter Schmerzsymptomatik, reduzierter Belastbarkeit und psychischer Labilität, lassen sich trotz aller chronobiologischer und vegetativ-hormoneller Kenntnisse prospektiv kaum festlegen. Wenn Beschwerden auftreten, soll mittels der fein abstimmbaren Dosierbarkeit der Kneippschen Hydrotherapie die Reizintensität zurückgeschraubt werden. Auch die Bewegungstherapie, vor allem die terrainmäßige Belastung, ist zurückzunehmen und einem individuell verschieden empfundenen Ruhebedürfnis kann gefolgt werden.

Im übrigen sind den wiederholt Kurenden diese Krisen sehr wohl bekannt, und sie reagieren von sich aus entsprechend. Neulingen soll diese Information Angst und Mißtrauen nehmen! Bei regelmäßigen Heimanwendungen sind diese Behandlungskrisen nie so signifikant, da die hydrotherapeutischen Reize von anderen exogenen Impulsen überdeckt werden. Nur gelegentlich hören wir, daß anfangs angenehm empfundene Anwendungen plötzlich unangenehme, ungewollte Auswirkungen zeigen. Schließlich stellen sich aber auch zuhause in der Regel günstige Effekte ein!

Abschließend muß man noch festhalten, daß der Rhythmologie in der Ordnungstherapie ein besonderer Stellenwert zukommt. Verhaltensweisen, die gegen physiologische Rhythmen gerichtet sind, führen allmählich zu funktionellen Störungen, während andererseits ihre sachgerechte Einbeziehung in ein Behandlungskonzept ein wirksames Prinzip bildet. Wir haben sie deshalb so ausführlich dargelegt und werden auf die therapeutischen Ansatzpunkte noch zurückkommen.

Die Selbsthilfe

Der Mensch am Ausgang des zwanzigsten Jahrhunderts hat es verlernt, sich hinzusetzen und über sein Leben nachzudenken. Jeder glaubt ohne Besinnung auszukommen und nur den Zwängen der Zeit leben zu müssen. Man stöhnt unter »Streß«, dem beliebten Modebegriff, und ist trotzdem bemüht, möglichst viele Spannungssituationen zur Aufwertung in der Leistungsgesellschaft anzuhäufen. Selbst erste Alarmzeichen in Form der bereits aufgelisteten Allgemein- oder funktionellen Organsymptome werden verdrängt. Meist werden erst gröbere Störungen in Form von Leistungseinbrüchen usw. ernst genommen. Dann kommt der Gang zum Arzt, von dem eine prompte Heilung durch einige Tabletten oder Injektionen erwartet wird. Wenn dann die Beschwerden trotzdem hartnäckig weiter bestehen, wird die Schuld dem behandelnden Arzt angelastet und nicht im eigenen Fehlverhalten gesucht.

Doch Störungen des Ordnungsgefüges mit Beeinträchtigung der Lebensqualität bis hin zur vielfältigen Symptomatik können nur **vom Patienten selbst** bewältigt werden. Er muß den mitunter schwierigen Weg, den wir mit diesen Ausführungen aufzeigen wollen, oder der ihm vom Arzt gewiesen wird, selbst gehen. Schließlich müssen die Ursachen beseitigt werden, da eine symptomatische Behandlung nur momentane Besserung, aber nie eine Beseitigung der Übel bringen kann.

Wenn man also merkt, daß nicht alles so läuft, wie es laufen soll und sich Schwierigkeiten da oder dort auftürmen, soll man versuchen, für einige Stunden Distanz zu gewinnen. Man muß heraus aus dem Alltagstrubel, um herausgelöst von bedrängenden Augenblickssituationen mit einiger Objektivität seine eigene Lage analysieren zu können. Dieses Loslösen wird jeder auf seine Weise bewerkstelligen.

Auf jeden Fall bedarf es einer gewissen Einstimmung, die man durch eine spannungsfreie Tätigkeit, durch gefällige Literatur oder durch ein Naturerlebnis erreichen kann. Auf einem einsamen Spaziergang durch einen ruhigen Wald oder an einem Waldrand sitzend, kann man sich den beeindrukkenden Erlebnissen der Natur higeben und alle Last aus der Ferne betrachten. Zuerst die Augen öffnen und suchen, was es alles an Schönem zu sehen gibt und die Ohren öffnen, um zu hören, was sich alles in der Natur durch Laute zu erkennen gibt.

Man fühlt sich dann nicht mehr unmittelbar bedrängt und genötigt und das, was im Alltag als unüberwindlicher Berg erschienen ist, wird plötzlich zum durchaus überwindbaren Hügel.

Idealerweise wird dieses **Milieu zum »Selbstfinden«** in der Regel in Orten mit Kneippkuranstalten geboten. Es kann aber auch am Wochenende bei einer Fahrt ins Grüne gesucht und gefunden werden. Voraussetzung ist Zeit und der Wille, die Lebensführung gesundheitsgerecht zu gestalten. Als Motivation mögen die zu beseitigenden Beeinträchtigungen und das Ziel, lebensfroh die gestellten Aufgaben bewältigen zu können, dienen.

In der losgelösten Umgebung müssen alle Lebenskreise, wie wir sie auf Seite 41 schematisch dargestellt haben, durchforstet werden. Bei genügender Sachlichkeit werden sich da oder dort im privaten oder beruflichen Bereich zu ändernde Verhaltensweisen erkennen lassen. Überforderungen müssen erfaßt und ein Weg zu ihrer Beseitigung gesucht werden. Unvermeidliche Überlastungen müssen durch ausreichende Entspannungsphasen kompensiert werden.

Eingeschliffene Verhaltensmuster zu verlassen, ist kein leichtes Beginnen, aber die Chance, lebensfroh und erfolgreich durchs Leben gehen zu können, sollte alle Schwierigkeiten überwinden helfen.

Aus der Praxis:

Ein 51-jähriger Industriemanager, der seit Jahrzehnten bei einem großen Automobilkonzern tätig ist, hat sich zu einer Kneippkur entschlossen. Er hat von Jugend an mit höchstem Einsatz an seinen Aufgaben gearbeitet und auch eine entsprechende Führungsposition erreicht. Er kannte keine fixe Dienstzeit und war in der spärlichen Freizeit bemüht, sein Wissen zu erweitern oder durch gesellschaftliche Kontakte seinen beruflichen Weg vorzubereiten. Die sportliche Betätigung wurde auf Tennis, das vom gleichen Ehrgeiz wie die berufliche Tätigkeit geprägt war, beschränkt. Die Urlaube wurden nie nach dem Gesichtspunkt des Erholens, sondern nach dem des Erlebens ausgerichtet.

Die Folgen waren nicht mehr zu übersehen. Die Konzentrationsfähigkeit ließ zeitweilig zu wünschen übrig, Schlafstörungen mit mangelhafter Entmüdung und Kreislaufschwierigkeiten, besonders in der ersten Tageshälfte, stellten sich ein. Noch konnte der umfangreiche Aufgabenbereich bewältigt werden.

Nach dieser Anamnese und der klinischen Untersuchung führte ich mit dem Patienten ein ausführliches Gespräch über seine Probleme und deren Lösung. Ich empfahl ihm, der sich bisher kaum mit den Kostbarkeiten der Natur beschäftigte und sie lediglich als notwendiges Ambiente hinnahm, seine im Kurort ideale Umwelt zu ergründen zu versuchen. Damit sollte er sich von seiner ständig von Spannungen erfüllten Tätigkeit distanzieren und sein derzeitiges Leben und auch den Weg dahin überdenken.

Beim nächsten Gespräch in der zweiten Kurwoche hat er voll Stolz von seinen Naturerlebnissen berichtet. Immer wieder hat er das Spiel der Forellen im nahen Flüßchen verfolgt und als Techniker hat er den freien spiralförmigen Fall herbstlich verfärbter Platanenblätter im Kurpark beobachtet. So hatte er lediglich in den ersten Tagen Schwierigkeiten, die Gedanken, die sich mit betrieblichen Problemen beschäftigten, zu verdrängen.

Am Waldrand sitzend hat er aufmerksam die verschiedensten Vogellaute verfolgt. Daneben hat er gewissenhaft die hydrotherapeutischen Anwendungen absolviert und ist ohne Zwang durch die reizvolle Umgebung marschiert. Tennis wurde nur zum Spaß und sehr eingeschränkt betrieben. Das morgendliche Schwindelgefühl und die Schlafstörungen waren nach 9 Tagen weitgehend gebessert.

Die konsequente Kneippkur wurde nach drei Wochen abgeschlossen und der Patient konnte bereits zu diesem Zeitpunkt eine sehr positive Bilanz ziehen. Die subjektiven Beschwerden waren abgeklungen und für sein weiteres Leben hat er sich Konsequenzen erarbeitet. Vor allem hat er sich Pläne für eine gesundheitsorientierte Freizeitnutzung zurechtgelegt, um seine unvermeidliche berufliche Belastung kompensieren zu können.

Nach einem Jahr kam der Patient wieder, doch nicht um bestehende Beschwerden zu beseitigen, sondern lediglich um neue Kraft für den Alltag zu tanken.

Therapieplan als Heimbehandlung nach der Kneippkur zu Fall Seite 35/36

HYDROTHERAPIE				
	früh	**vormittags**	**nachmittags**	**abends**
Mo	Nach der Morgentoilette Schenkelguß		Vollbad mit Fichtenzusatz	Wassertreten
Di	Schenkelguß			Wassertreten
Mi	Schenkelguß		Vollband mit Fichtenzusatz	Wassertreten
Do	Schenkelguß			Wassertreten
Fr	Schenkelguß		Vollbad mit Fichtenzusatz	Wassertreten
Sa	Schenkelguß			Wassertreten
So	Schenkelguß	Vollbad mit Rosmarin		

BEWEGUNG
Täglich abends Spaziergang (wenn es der Dienst erlaubt).
Tennis nur mehr zum Spaß, ohne Ehrgeiz. Wochenendwanderungen.

ORDNUNGSTHERAPIE
Ehrgeiz etwas einbremsen.
Nach Muße suchen. Zeit für die Familie. Zeit für entspannende Hobbies. Zeit für Gesundheitspflege.

Die hydrotherapeutische Heimbehandlung durch 3 Wochen. Dann auf gelegentliche Kräuterbäder und tägliches Wassertreten beschränken.

Das klärende, entlastende Gespräch

Man kann sicherlich versuchen, quasi im Alleingang, sein gestörtes Ordnungsgefüge wieder in Ordnung zu bringen. Die aufgegliederten Behelfe sollen das erleichtern. Trotzdem kann es oft schwierig sein, und es bedarf fremder Hilfe. Es wird notwendig, **sich jemand anzuvertrauen** – »geteiltes Leid ist halbes Leid« – um mit der mißlichen Situation besser fertig zu werden. Der Arzt, im besonderen der psychiatrisch geschulte Arzt, aber auch der ordnungstherapeutisch tätige Kneipparzt, sind die professionellen Ansprechpartner. Hilfe können aber auch Gesprächspartner aus dem Kreise der **Angehörigen** oder aus dem **Freundeskreis** bringen. Als Gesprächsbasis müssen bestimmte Voraussetzungen erfüllt sein. Es müssen Menschen sein, die dem Hilfesuchenden eine bestmögliche zwischenmenschliche Beziehung entgegenbringen. Dies in aufrichtiger Form zu finden ist gar nicht so einfach, denn unsere Zeitgenossen haben es großteils verlernt, dem Nächsten die Hand entgegenzustrecken. Jeder ist mit seinen Alltagsproblemen so sehr beschäftigt, daß er die Not des anderen weder sieht noch sehen will. Die Zeiten der Großfamilie, wo Schwierigkeiten im Familienverband gemeistert wurden, sind leider vorbei. Auch der Beichtvater, der ein williges Ohr zu geben bereit ist, wird nur mehr von einem kleinen Teil der Bevölkerung in Anspruch genommen.

Das Konkurrenzstreben wird von der Konsumgesellschaft hochgespielt und verdrängt humanistische Grundwerte und entzweit oft Menschen, die sich familiär sehr nahe stehen sollten. Allzu oft erlebt man es als Arzt, daß sich Hilfesuchende eher einem Bekannten anvertrauen als einem Angehörigen. Die nicht seltene Partnerschaft auf Zeit macht eine Hilfestellung durch den Partner überhaupt unmöglich. Nicht zuletzt sind häufig partnerschaftliche Probleme an der Störung des Ordnungsgefüges zumindest mitbeteiligt, sodaß aus dieser Richtung keine Hilfe erwartet werden kann.

Ist einmal ein offenes, nicht professionelles Ohr, mit dem es sich auch leichter spricht als mit einem auf Distanz vermuteten Arzt, gefunden, dann muß der Helfende entsprechend Zeit aufbringen. Zeitdruck würde jedes entlastende Gespräch von vornherein zur Erfolglosigkeit verdammen. Echte **Zuwendung muß mit Gelassenheit** gepaart sein, damit der Patient seine Schwierigkeiten ohne Hektik und mit Überlegung vorbringen kann. Ungezwungen soll er all das abladen, was ihn bedrückt, und es ist Sache des Patienten, alle Einzelheiten ungeschminkt darzulegen. Es darf keine Schönfärberei betrieben werden, auch wenn der Betroffene einmal das Gefühl hat, selbst nicht gut dazustehen. Ein erleichterndes Gespräch erfüllt nur dann seinen Zweck, wenn alle **Schwierigkeiten schrankenlos aufgezeigt** werden. Der Gesprächspartner soll in erster Linie zuhören und keine großen Fragen stellen. Die Eröffnung soll von sich aus erfolgen und die Hilfe muß sich in der Ermunterung dazu beschränken. Auch mit guten Ratschlägen soll sehr sparsam umgegangen werden.

Das therapeutische Gespräch

Für ein klärendes, entlastendes Gespräch im Freundeskreis sind also eine Reihe von Voraussetzungen erforderlich, die nicht immer leicht zu finden sind. Halbheiten sind aber zwecklos, und dann sollte doch eher der Gang zum Fachmann vorgezogen werden. Dies wird zur zwingenden Notwendigkeit, wenn organische Beschwerden bestehen, die einer Abklärung bedürfen. Wir haben bereits darauf hingewiesen, daß kein Schmerz und keine Organstörung von vornherein vom Patienten als »funktionell« oder »nervlich bedingt« eingestuft werden darf.

Für den zu Rate gezogenen Arzt gibt es bestimmte erfolgsnotwendige Verhaltensweisen. Sie entspringen der Erfahrung und werden entsprechend gelehrt. Dieses Buch, das sich an die andere Seite, an den Laien, beziehungsweise an den Patienten wendet, soll einige Hinweise für den Hilfesuchenden, die den Gang zum Arzt und die Eröffnung und Führung des Gespräches erleichtern, beinhalten.

Kann eine organische oder auch psychiatrische Erkrankung ausgeschlossen werden, beginnt die Suche nach den Wurzeln der Störung des Ordnungsgefüges. Das wird dem Patienten vom Erfahrenen nie als Examination angeboten. Der nicht selten Verunsicherte und Isolierte wird nicht mit einem »Gott im weißen Kittel« konfrontiert, sondern sitzt einem verständigen, gleichrangigen Gesprächspartner gegenüber.

Offenheit ist oberstes Gebot eines therapeutischen Gespräches und Voraussetzung für den Erfolg. Der Arzt wird lediglich gelegentlich ein Fenster öffnen, und der Patient muß dann den Blick dorthin wenden und aus diesem Bereich seines Lebens berichten. Beruf, Familie, soziales Umfeld, schulische Entwicklung, frühkindliche Erlebnisse, all das muß einer Analyse unterzogen werden. Dabei darf sich der Patient nie auf bestimmte, aus seiner Sicht ursächliche Dinge festlegen. Diese Fixation auf dramatische Ereignisse verschleiern den Blick auf vorangegangene mißliche Umstände oder Entwicklungen, die als Ursache in Frage kommen und beseitigt werden müssen. Im Gespräch muß immer der Kernpunkt gefunden werden.

Aus der Praxis:

Ein 53-jähriger Mann aus der Werbebranche kommt mit vielseitigen funktionellen Störungen. Der Schlaf ist gestört, beim Essen tritt sehr rasch ein Völlegefühl auf, bei unbedeutenden Ereignissen erregt er sich und bekommt Durchfall usw. Die körperliche Durchuntersuchung ergab einen normalen altersgemäßen Organbefund.
Der Patient hat vor fünf Monaten seine Stellung verloren und spricht vorerst nur vom Verlust des Jobs, von der Ungerechtigkeit seines Dienstgebers, dem er lange Jahre gute Leistungen erbracht hätte, und von den finanziellen Nachteilen im Ruhestand.
Als er zur Analyse seines beruflichen Milieus in den Monaten und Jahren vor seiner Entlassung geführt wird, deckt er von sich aus die Wurzeln seines Übels auf. Er hatte jüngere Arbeitskollegen, die unkonventionelle Ideen entwickelten und die er gerne als »Erfahrener« negativ beurteilte. Er selbst glaubte in früher erfolgreichen Bahnen bleiben zu können. So hat er sich mit einer intransigenten Haltung selbst ins Out gedrängt. Im Gespräch erkennt er dann selbst seine Fehler, die zu den üblen Folgen führten. Allmählich versucht er seinen Standpunkt zu ändern.
Gleichzeitig wurden seine körperlichen, nicht organisch verursachten Beschwerden mit den weiteren Möglichkeiten der Kneipptherapie bekämpft. So gelang es mit einiger Konsequenz, den sich selbst bemitleidenden, in seinem Wohlbefinden stark gestörten Patienten allmählich wieder zu Aktivität und positiver Lebenseinstellung zurückzuführen.
(Ein Nachsatz des Arztes: Nicht immer liegen die Dinge so einfach und sind so gut lösbar!)

An dieser Stelle wollen wir realitätsbezogen einige Feststellungen treffen. Die technisierte Medizin hat mit ihren apparativen und chemischen, diagnostischen und therapeutischen Möglichkeiten das ärztliche Gespräch in den Hintergrund gedrängt. Hinzu kommt die sozialversicherungsmäßige Unterbewertung des in der Regel längere Zeit in Anspruch nehmenden Gespräches. Von kneippärztlicher Seite dürfen wir festhalten, daß wir um eine humane Ganzheitsmedizin mit unbelasteter Patienten-Arzt-Beziehung bemüht sind. Die in die Ordnungstherapie integrierte Gesprächstherapie ist mit allen Attributen Teil unseres Angebotes.

Der Mensch und seine Umwelt

Als therapeutische Instrumentarien der Ordnungstherapie haben wir bisher die Selbsthilfe, das klärende Gespräch und das therapeutische Gespräch mit dem Arzt erwähnt und dargelegt. Ihr Ziel ist es, nach diagnostischer Abklärung und Ausschluß organischer Erkrankungen oder bei psychisch mitbedingten Erkrankungen, die Ursache funktioneller Störungen aufzudecken und damit den Weg zur Heilung zu finden. Einleitend wurde bereits die Weitläufigkeit der möglichen Störfaktoren erwähnt.

Abb. 3

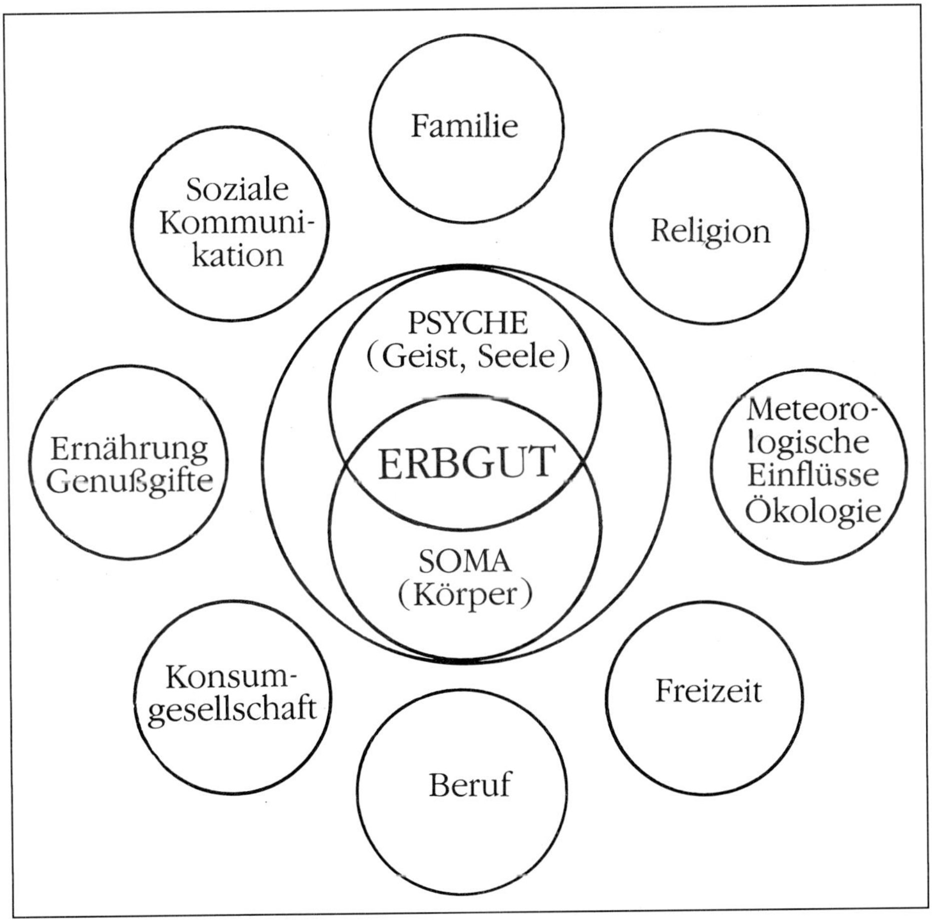

Deshalb haben wir zum praktischen Gebrauch in Abb. 3 die **Lebenskreise,** in denen wir stehen oder mit denen wir ständig konfrontiert sind, dargestellt. Das Schema soll helfen, alle Lebensbereiche, wo wir ständig gefordert und unter Umständen überfordert werden, zu beleuchten. Diese Kreise bestimmen unser Leben und es liegt an uns, daß wir mit einem gut funktionierenden Ordnungsgefüge die unvermeidbaren Belastungen bewältigen und anstehende Aufgaben lösen können.

Für die Beziehungen zu allen Bereichen ist unser eigener Standort von Bedeutung. Es entspricht dem, was als Individualität im weitesten Sinne immer wieder angesprochen wird und ist das Ergebnis dreier Komponenten. Die eine ist das **Erbgut,** das jedem Menschen in die Wiege gelegt wird und die zweite ist all das, was dem Kind im **Elternhaus,** in der **Schule** und von jenen Personen, die mit der Formung des jungen Menschen befaßt sind, mitgegeben wird. Die dritte Komponente ergibt sich aus allen **formenden Elementen,** die im Laufe des Lebens einströmen. Die Grenzen zwischen den dreien sind keineswegs so eindeutig gezogen. Abgesehen von der rein physischen Konstitution sind die ererbten psychischen Strukturen von den erworbenen nur zum Teil klar abzugrenzen. Erst die vergleichende Verhaltensforschung hat hier manche Frage geklärt, ohne jedoch alle Fragezeichen ausgeräumt zu haben.

Das Erbgut ist also jener Teil der Individualität, der unverrückbar besteht (z. B. die Charaktertypen wie Sanguiniker, Phlegmatiker usw.), und der lediglich vorübergehend etwas verdrängt oder verdeckt werden kann. Anders die anerzogenen Verhaltensmuster oder Eigenheiten, die wohl auch fest verankert sind, aber durch Lernprozesse abgewandelt oder beseitigt werden können. Je vorgerückter das Lebensalter, umso eingeschliffener sind die in der Entwicklung mitbekommenen Eigenschaften und umso schwieriger ist ihre Veränderung.

Trotzdem ist das jener Bereich, wo man im Wechselspiel zwischen eigenem Standort und den Einflüssen von außen auch die Veränderung der Eigenposition in Erwägung ziehen muß. Vereinfacht ausgedrückt sind das jene Situationen und Begebenheiten, wo man aufeinander zugehen muß.

Ein Beginnen, das dem älteren Menschen immer schwerer fällt, trotzdem aber für zivilisierte, humane soziale Kontakte unabdingbar ist. In der Erläuterung der Generationsprobleme beim Lebenskreis Familie werden diese notwendigen Bemühungen noch weiter diskutiert. Als bedeutendes ordnungstherapeutisches Element werden sie auch in anderen Abschnitten angezogen.

Auf der **Suche nach Störfaktoren** und auch zur eigenen Standortbestimmung sollten die einzelnen Stationen durchgegangen und kritisch analysiert werden. Vorrang gebührt der kleinsten sozialen Einheit, der Familie, und dem Beruf. Hier sind die schwerwiegendsten Einwirkungen im positiven und negativen Sinn angesiedelt und deshalb sollten sie zuerst durchdacht werden. Man sollte aber auch die sechs anderen Kreise nicht außer acht lassen, da sie genauso gefahrenträchtig sein können und andererseits positive Korrekturmöglichkeiten bieten. Im nachfolgenden die Hinweise im einzelnen.

Die Familie

Sie ist wohl die älteste Institution der Menschheit und ist auch in der gesamten belebten Natur immer wieder zu finden. Von den Menschen der Urzeit wurde sie als Schutz zur Selbsterhaltung gepflegt, und im Buch der Bücher erfahren wir von der »heiligen Familie«. Es gab keine Zeit, wo sie nicht bestanden hätte, wenngleich sie in verschiedenen Formen praktiziert wurde. Insbesondere religiöse Einflüsse haben sie in unterschiedlichem Bilde geprägt. Als Grundmotive waren immer die Blutsverwandtschaft, die gegenseitige Hilfe, das gemeinsame Bewältigen von Aufgaben, die gemeinsame Abwehr von Gefahren und das gemeinsame Leben schlechthin. Die Grundlage bildete das bedingungslose, durch Liebe gestützte Zusammengehörigkeitsgefühl.

Die moderne Zivilisation hat auch die **Institution Familie** beeinflußt und droht sie **in Frage zu stellen.** Die Großfamilie, wie sie früher bestand, wo den unter einem Dach wohnenden Generationen bestimmte Aufgaben zukamen und wo auch die älteren Menschen ihren Platz hatten, gibt es nicht mehr. Allein die Größe der Wohneinheiten macht diese Grundstruktur unmöglich. Dadurch entsteht eine gewisse Distanzierung der getrennt lebenden Generationen, und das staatliche Sozialnetz muß die sich ergebenden Schwierigkeiten lösen helfen. Das reicht bis zur existentiellen Absicherung, doch die »menschliche Seite« bleibt auf der Strecke.

Durch die heute übliche berufliche Tätigkeit beider Partner werden über einen beträchtlichen Zeitraum des Tages getrennte Wege gegangen. Die einstige Zentralfigur, der das Verbinden und Bewahren der kleinsten sozialen Einheit zufiel, die Mutter, ist in der Regel durch ihren Beruf hinlänglich gefordert. Sie kann ihren familiären Pflichten nur beschränkt und nicht mit der einstigen Hingabe nachkommen. Der staatliche Versuch, durch Schaffung der legislativen Voraussetzungen die familiären Aufgaben auf beide Partner zu verteilen, muß sich erst in der Praxis bewähren.

Die materiellen Absicherungen sind durch die derzeitigen Wirtschaftsverhältnisse für weite Bevölkerungskreise gegeben. Trotzdem gibt es aber auch in der Wohlstandsgesellschaft gar nicht so wenige Menschen, die verschuldet oder unverschuldet in echter existentieller Not ihr Leben fristen müssen.

So ergeben sich für die Zwecke der Ordnungstherapie drei Problemkreise:

1. Die materielle Absicherung
2. Partnerschaftliche Probleme
3. Generationsprobleme (zwischenmenschliche Kontakte zwischen jung und alt, die Altenversorgung)

Die materielle Absicherung

Verglichen mit früheren Zeiträumen kann man heute in der westlichen Welt durchaus von Wohlstand sprechen. Die Masse der Menschen hat genügend Mittel, um sich neben den dringlichen Dingen des Lebens auch mehr oder weniger Luxusgüter leisten zu können. Als Folge sollte man meinen, daß unsere Zeitgenossen glücklich und zufrieden sind. Dem ist aber nicht so!

Das an sich natürliche **Streben nach Mehr** wird von den Werbeagenturen geschickt ausgenützt, um all das zu verkaufen, was die Wirtschaft produziert und anbietet. Prosperität ist konsumabhängig und so wird Verlangen mit psychologischen Tricks geschürt. Dadurch drohen viele Menschen die ausgewogene Mitte zwischen Leistungsfähigkeit und Bescheidenheit zu verlieren. Nicht wenige Familien geraten durch das Verlangen, das Gleiche oder etwas mehr als der Freund zu haben, in Schwierigkeiten. Entweder wird versucht, durch überfordernde Einsatzsteigerung mehr Geld zu verdienen, oder es werden Ratenzahlungen abgeschlossen, die in ihrer Summe dann nicht mehr bewältigt werden können.

Beide Male entstehen Konfliktsituationen, die durch körperliche oder nervliche Überforderung zu Störungen im Ordnungsgefüge führen können. Nicht selten werden diese Menschen an den Rand der Kriminalität gedrängt.

Aus der Praxis:

Ein Geschäftsführer einer privaten caritativen Organisation hat seine Tätigkeit mit viel Idealismus angetreten. Im Laufe dieser Tätigkeit kommt er in gesellschaftliche Kreise, die in finanzieller Hinsicht weniger den Rechenstift benützen müssen als er. Um dennoch einigermaßen Schritt halten zu können, versucht er, seine Nebengebühren bringenden Tätigkeiten auszudehnen und muß dafür auch entsprechechenden Mehreinsatz bringen. Dies nicht zuletzt auch auf Drängen seiner Partnerin.

Nach mehreren Monaten stellen sich Schlafstörungen, Kreislauflabilität und Herzbeschwerden ein. In dieser Situation sucht er die Ordination aus Furcht vor beruflichem Versagen mit Verlust der sozialen Position auf. Organische Ursachen können rasch ausgeschlossen werden. Bei der Suche nach Störfaktoren wird er auch auf die berufliche Situation angesprochen. Sofort betont er seine erfolgreiche Tätigkeit, die allseits Beachtung fände und die ihm auch den Zugang zu Kreisen, die ihm früher verschlossen waren, gebracht hätte. Erst nach und nach schildert er, daß ihm eigentlich sehr viel abverlangt werde. Echte Entspannung fände er kaum und nach strapaziösen Urlauben sei er mehr gestreßt denn erholt.

Allmählich hat der Patient sein Fehlverhalten erkannt und begonnen, es in beiden Richtungen abzubauen. Gleichzeitig wird ein Kneippsches Behandlungskonzept, wie wir es im Anhang vorstellen, eingesetzt. Nach einiger Zeit ist das Einkommen des Patienten geringer und er ist nur noch selten auf Partys zu sehen. Dafür hat er gelernt, Entspannung zu suchen, die Natur zu erwandern und hat seinen letzten Urlaub für eine gesundheitsfördernde Kneippkur genützt. Inzwischen hat auch seine Gattin erfahren, daß Gesundheit und allgemeines Wohlbefinden über vermeintlichen Wohlstand zu stellen ist und für ein erfülltes Leben vorrangige Bedeutung hat.

Therapieplan 1. Woche zu Fall Seite 45

HYDROTHERAPIE				
	früh	**vormittags**	**nachmittags**	**abends**
Mo	Oberkörper- waschung	Armbad im Büro	Vollbad mit Fichtenzusatz	Wassertreten
Di	Oberkörper- waschung	Armbad	Armguß	Wassertreten
Mi	Oberkörper- waschung	Armbad	Vollbad mit Fichtenzusatz	Wassertreten
Do	Oberkörper- waschung	Armbad	Armguß verl.	Wassertreten
Fr	Oberkörper- waschung	Armbad	Vollbad mit Fichtenzusatz	Wassertreten
Sa	Oberkörper- waschung	Armbad	Armguß verl.	Wassertreten
So	Oberkörper- waschung	Vollbad mit Rosmarin		Wassertreten

PHYTOTHERAPIE
Morgens nach dem Frühstück 1/16 Rosmarinwein. Abends 1 Tasse Nerventee (Baldrian, Hopfen, Melisse).

BEWEGUNG
Täglich zügigen Abendspaziergang.
Zum Wochenende Wanderungen mit Suche nach Naturerlebnissen, um sich neue Wertvorstellungen zu schaffen.

ERNÄHRUNG
Vollwerternährung, geregelte Mahlzeiten mit entsprechender Eßkultur.

ORDNUNGSTHERAPIE
Eigene Grenzen erkennen und akzeptieren. Aussprache mit Gattin über gesundheitsbewußte Verhaltensweisen. Gemeinsame Umstellung der Lebensgewohnheiten. Gesundheitsorientierte Urlaube.

Therapieplan 2. Woche zu Fall Seite 45

HYDROTHERAPIE				
	früh	**vormittags**	**nachmittags**	**abends**
Mo	Armbad mit Rosmarin		Vollbad mit Fichtenzuatz	Wassertreten
Di	Armbad mit Rosmarin		Armguß verl.	Wassertreten
Mi	Armbad mit Rosmarin		Vollbad mit Fichtenzusatz	Wassertreten
Do	Armbad mit Rosmarin		Armguß verl.	Wassertreten
Fr	Armbad mit Rosmarin		Vollbad mit Fichtenzusatz	Wassertreten
Sa	Armbad mit Rosmarin		Armguß verl.	Wassertreten
So	Armbad mit Rosmarin			Wassertreten

PHYTOTHERAPIE
Wie erste Woche.

BEWEGUNG
Belastungsintensität allmählich steigern.

ERNÄHRUNG
Ernährung und Essensritus nach Umstellung beibehalten.

ORDNUNGSTHERAPIE
Weiter neue Lebensinhalte suchen.

3. und 4. Woche wie zweite Woche. Anschließend Hydrotherapie allmählich reduzieren und Phytotherapie längere Zeit fortsetzen. Bewegung, Ernährung und neugefundene Lebenseinstellung auf Dauer beibehalten.

Völlig anders gelagert und sehr positiv motiviert ist die Situation einer anderen gefährdeten Personengruppe. Irgendwie ist es die Sehnsucht vieler Menschen, ein eigenes Heim zu besitzen, dem sie alle anderen Bedürfnisse unterzuordnen bereit sind. In Liedern werden die **»Hüslibauer«** besungen und deren selbst gestecktes Ziel kann einen sehr positiven Akzent im Leben setzen. Doch es kommt darauf an, wie dieses Ziel erreicht wird. Der selbst Bauende, der jede freie Minute verwendet, um Stein auf Stein zu setzen, vergißt darüber häufig, auch an Entspannung und Erholung zu denken. Hinzu kommt die Einschränkung selbst bei alltäglichen Bedürfnissen, um neben der physischen auch die finanzielle Belastung kurzfristig bewältigen zu können. Wenn dann das Haus steht und bezogen werden kann, sind seine Erbauer nicht selten am Ende ihrer Kräfte und sind gesundheitlich angeschlagen. Die Überforderung hat zu einer Störung des Ordnungsgefüges, wenn nicht zu Organschäden geführt. Hier fällt es schwer, einen Fall als Beispiel herauszugreifen.

Als frei praktizierender Internist in einer Kleinstadt wird man fast täglich mit Patienten konfrontiert, deren Unbehagen auf zu forcierten Hausbau zurückzuführen ist. Deshalb empfehlen wir den selbst ihr Haus bauenden Menschen, wenn sie mit den ersten Beschwerden kommen, lieber längerfristig zu planen. Das stolze Werk kann nur dann richtig genossen werden, wenn es mit Freude und ohne gesundheitliche Nachteile geschaffen wird!

Trotz umfangreicher sozialer Absicherungen gibt es auch in der westlichen Welt noch immer echte Armut. Neben den am Rande der Gesellschaft Stehenden sind es die **Arbeitslosen,** vornehmlich im vorgerückten Alter. Ihnen fällt es bei Verlust der Arbeitsstelle schwer, durch Umschulung oder Domizilwechsel eine neue Beschäftigung zu finden. Nicht zuletzt wird auch von den Arbeitgebern jüngeren Kräften der Vorzug gegeben. Wenn diese Menschen auch finanziell einigermaßen abgesichert sind, bedeutet es doch meist eine Reduktion des Lebensstils, insbesondere wenn noch in Ausbildung stehende Kinder zu versorgen sind. Daneben bringt das Gefühl des »Abgeschoben-Werdens« eine zusätzliche Belastung. Das, was als Pensionsschock hinlänglich bekannt und viel diskutiert wird, tritt bei diesen bedauernswerten Zeitgenossen besonders dramatisch in Erscheinung. Als Arzt fühlt man mit ihnen, wenn sie bei der Frage nach dem Beruf zögernd und gequält »arbeitslos« angeben müssen!

Dieser Gruppe nahestehend sind Patienten, die durch schwere Erkrankungen oder Verletzungen aus ihrer Laufbahn geworfen werden. Sie müssen ihre **Behinderung** nicht nur physisch überwinden, sondern auch psychisch die geänderte Lebenssituation verkraften. Das ist völlig unabhängig von der beruflichen Position und gilt gleichermaßen für den

Arbeiter wie für den Angestellten oder freiberuflich Tätigen. Ihnen zu helfen, die Lebenszäsur zu überwinden, ist außerordentlich schwierig und bedarf bei Arzt und Betroffenen großer Geduld.

Aus der Praxis:

Ein 53jähriger war seit seiner Jugend als Lastkraftwagenfahrer mit einer Vertrauensstelle in einem Produktionsbetrieb eines Großkonzerns tätig. Aus wirtschaftlichen Gründen wird dieser Betrieb geschlossen und der noch nicht Pensionsfähige verliert seinen Job. Durch ein im Laufe des Lebens errichtetes Eigenheim ist es ihm nicht möglich, in einen weitabgelegenen anderen Konzernbetrieb zu übersiedeln. Er erhält eine sehr ansehnliche Abfertigung, die ihm momentane finanzielle Not erspart. Er hat aber noch zwei Söhne, die im Studium stehen und noch einige Zeit väterliche Unterstützung benötigen. Die Gattin ist nicht berufstätig. Der Verlust, der mit Freude und Einsatzwillen und auch Anerkennung ausgeführten Tätigkeit und die Sorge um die weitere Existenzsicherung quälen den Patienten und bewirken psychovegetative Allgemeinsymptome. Im Gespräch wird er angeregt, jetzt nicht vor der vermeintlichen Katastrophe zu kapitulieren, sondern seine weiteren Einkommensverhältnisse genau zu überdenken. Dabei ergibt sich gar kein so großer Einbruch und die Reduktion wird lediglich den Verzicht auf einzelne Dinge notwendig machen. Unter anderem den Verzicht auf Fernreisen, die der sehr naturverbundene und sportbegeisterte Patient inzwischen durch weniger aufwendige Erlebnisse in heimatlichen Gefilden mehr als wettgemacht hat. Auch Kneippanwendungen haben ihm reichlich Hilfe gebracht. Bald werden seine Söhne ins Berufsleben treten und die elterliche Geldbörse entlasten.

Aus der Praxis:

Ein zweiter einschlägiger Fall betrifft einen 40jährigen, sehr engagierten Architekten, der sich in seiner Heimatstadt einen beachtlichen Namen gemacht hat. Er erleidet einen ausgedehnten, komplizierten Herzinfarkt, den er durch intensivste Betreuung übersteht. Derzeit ist er in Rehabilitation, doch läßt sich schon jetzt absehen, daß er nie mehr mit gleichem Einsatz seiner beruflichen Tätigkeit wird nachgehen können. Seine Sorge gilt dreien noch in Ausbildung stehenden Kindern und der Erhaltung seines finanziell noch nicht unbelasteten Besitzes. Es geht um die Aufarbeitung seiner existentiellen Probleme, aber auch um die Bewältigung seiner künftigen physischen Belastbarkeit. Er wird seine bisherigen Betätigungen in einer Tennis-Kampfmannschaft und in einer Wasserballmannschaft gegen Ausdauersportarten mit geringerer Belastungsintensität vertauschen müssen. Alles in allem wird es darum gehen, sein Leben in gesundheitsbewußte Bahnen zu lenken und zum Teil auch mit neuen Inhalten zu füllen.

Grundsätzlich geht es bei einer durch irgendwelche Umstände geänderten finanziellen Basis, mit dem notwendigen Maß an Bescheidenheit schwer- oder unerreichbare Dinge ohne Wehmut oder gar Verzweiflung aus dem Leben zu lösen. Sie hinterlassen zwangsläufig vorerst ein Vakuum, das im therapeutischen Sinne durch neue Inhalte zu füllen ist. Zahlreiche Beispiele von »Aussteigern« – die wir keinesfalls als erstrebenswerte Lebensmodelle hinstellen wollen – geben Hinweise, daß man auch mit bescheidenen Mitteln ein erfülltes Leben finden kann. Frei von den Maximen der Konsumgesellschaft kann man sich humanen Werten zuwenden und in der Natur die Wunder einer höheren Macht entdecken. So werden durch die erzwungene und letztlich sinnvoll gestaltete Umstellung Störfaktoren aus dem Weg geräumt und durch echte Werte bringende Maßnahmen das Ordnungsgefüge wiederhergestellt.

Die materielle Absicherung

+	–
Kritisch kaufen	Konsumzwang
Immer die eigenen Grenzen beachten	Verlust an Bescheidenheit
Gesundes Maß zwischen Leistung und Bescheidenheit	Physisch-psychische Überforderung überhasteter Hausbau
Ideelle Lebensinhalte	Die letzten Berufsjahre
Gesundheitsbewußtsein	Behindernde Erkrankungen und Leiden

Therapieplan 1. Woche zu Fall Seite 49/50

HYDROTHERAPIE				
	früh	**vormittags**	**nachmittags**	**abends**
Mo	Kniegnuß	Trockenbürsten Arme und Oberkörper	ansteigendes Armbad	
Di	Knieguß	Trockenbürsten Arme und Oberkörper	Wechsel-Armbad 2 x Wechsel 22° – 35°	
Mi	Schenkelguß	Trockenbürsten Arme und Oberkörper	ansteigendes Armbad	
Do	Schenkelguß	Trockenbürsten Arme und Oberkörper	Wechsel-Armbad wie Dienstag	
Fr	Schenkelguß	Trockenbürsten Arme und Oberkörper	ansteigendes Armbad	
Sa	Schenkelguß	Trockenbürsten Arme und Oberkörper	Wechsel-Armbad wie Dienstag	
So		Halbbad mit Fichtenzusatz 35°/12 Min.		

PHYTOTHERAPIE
Beibehaltung der medikamentösen Therapie des Rehabilitationszentrums, beziehungsweise Medikamente nach Anweisung des Arztes.
Phytotherapie lediglich gegebenenfalls als Zusatztherapie.

BEWEGUNG
Terrainmäßige Belastung wie im Rehabzentrum mit sehr behutsamer Steigerung. Puls darf nicht über 110 steigen.
Radfahren mit adaequater Belastung. Kein Tennis, kein Wassersport.
Am Wochenende körperliche Belastung nicht übertreiben.

ERNÄHRUNG
Fettmodifizierte Vollwerternährung. Keine blähenden Speisen. Mehrere kleine Mahlzeiten.

ORDNUNGSTHERAPIE
Berufliche Zielsetzungen reduzieren. Psychische Probleme aufarbeiten, eventuell mit Hilfe des Psychotherapeuten. Neuen Lebensstil suchen.

Hydrotherapie in gleicher Form mindestens 4 Wochen fortsetzen und Bewegungstherapie behutsam weiter steigern.

Partnerschaftliche Probleme

Liebe wird sehr viel diskutiert, wird in Liedern besungen und in der Dichtung verherrlicht. Trotzdem ist sie in ihrer selbstlosen Form in unserer von faßbaren materiellen Werten bestimmten Zivilisation nur selten zu finden. Im ersten Band wurden die Zeitzeugen, wie Ehe auf Zeit, Ehevertrag usw. an Stelle von durch Liebe gefestigte, lebenslange, eheliche Bindungen erwähnt. Die Partnerschaft wird wie alles versachlicht und verliert dadurch an Inhalt. Die Bindungen werden zur Zweckgemeinschaft degradiert und entbehren dadurch jener inneren Kraft, mit der Krisensituationen bewältigt werden können.

Statt von außen kommenden Schwierigkeiten gemeinsam zu begegnen, wie dies unter sich liebenden Menschen selbstverständlich sein sollte, werden einseitige Wege gewählt. Nicht ohne eigenes Mitverschulden entstandene Probleme werden gerne dem Partner vorenthalten.

Die Angst, mißverstanden zu werden, oder die Angst, das Gesicht zu verlieren, läßt im Alleingang eine Lösung suchen. Nicht selten spielt auch die fehlende Gesprächsbasis durch eigenwillige und distanzierte Lebensgestaltung eine wesentliche Rolle. Der »Patriarch«, der völlig isoliert seiner beruflichen Tätigkeit nachgeht und in guten Zeiten keinen Einfluß duldet, wird auch in schwierigen Situationen keinen, die Last mittragenden Gefährten finden! Andererseits wird auch die »Nur-Hausfrau«, die mit diktatorischem Gehabe über ihr Reich herrscht, bei auftretenden Krisen mit wenig Verständnis rechnen dürfen!

Partnerschaft kann nur funktionieren, wenn sie von **gegenseitiger Achtung** getragen wird. Einer muß die von eigenständiger Kreativität und individuellen Vorstellungen geprägte Persönlichkeit des anderen anerkennen und mit von Liebe getragenem Verständnis den Konsens suchen. Den anderen beherrschen und völlig für sich okkupieren zu wollen, kann auf Dauer nur zu Aversionen führen.

In jeder Situation aufeinander zugehen, sich eröffnen, die Meinung des anderen hören und achten und sich selbst nicht für unfehlbar halten – das sind die Prinzipien, die eine liebevolle Partnerschaft prägen sollen und die sie zu einer Schutzbastion gegen Einflüsse von außen werden lassen. Nur geteilte Freude kann auch Teilung des Leidens bringen!

Aus der Praxis:

Ein Ehepaar mit etwa 50 Jahren erschien in der Ordination. Der Mann stellte seine Gattin vor und begann sofort ihre Beschwerden zu schildern. Die Frau saß gehorsam daneben und nickte lediglich zustimmend zu den Ausführungen des Gatten. Er berichtete, sie hätte immer wieder Schwierigkeiten mit dem Verdauungstrakt in Form von Krämpfen und Durchfällen bei an sich normalem Appetit. Daneben hätte sie immer wieder Schmerzen im Bereich der Hals- und Lendenwirbelsäule.

Aus der Situation war klar zu erkennen, daß die Frau zum Manne in einem ausgesprochenen Subordinationsverhältnis stand. Er dominierte mit patriarchalischem Gehabe. Ich unterbrach daher den Redeschwall des Mannes und wies darauf hin, daß der mündige Patient seine Beschwerden selbst vortragen könne und dies zur Meinungsbildung des Arztes wertvoll wäre. Das löste bei dem »Patriarchen«, der Widerspruch nicht gewohnt war, eine Schockreaktion aus. Einigermaßen erbost verließ er demonstrativ die Ordination. Damit war der Weg frei für ein offenes Gespräch zwischen Arzt und Patientin. Die vorerst durchgeführte klinische Untersuchung brachte keinen Anhaltspunkt für eine Organerkrankung. Trotzdem wurden weiterführende Untersuchungen eingeleitet, die später aber auch ohne krankhaften Befund blieben.

Im Gespräch kam zum Ausdruck, was gleich am Beginn zu erkennen war. Die Frau war keine vom Manne geachtete Partnerin, sondern eine eingeplante Hilfsperson, wie er das auch mit anderen Mitarbeitern seines Betriebes handhabte. Sie konnte in den ersten Ehejahren keine Eigenständigkeit entwickeln, sondern war immer das gesteuerte Werkzeug. Unter anderem hat sie auch weisungsgemäß für einen klaglosen Verlauf der gesellschaftlichen Verpflichtungen gesorgt. Zu freundschaftlichen Verbindungen mit gleichaltrigen Frauen ist es aus Zeitgründen nie gekommen. Die Betreuung des Mannes, der Kinder und des Haushaltes haben sie voll in Anspruch genommen.

Die sehr attraktive Frau war für den Mann in der Gesellschaft ein gern gezeigtes Demonstrationsobjekt. Dabei spürte die Frau eines Tages, daß ihr von fremden Menschen wesentlich mehr Achtung entgegengebracht wurde als vom eigenen Partner. Sie hatte diese Gefühle mit der ihr eigenen Disziplin verdrängt und hatte sich trotz der Möglichkeiten nie einem anderen Manne zugewendet. Sie betonte wiederholt, daß sie diese Gegebenheiten noch nie überlegt, geschweige denn vor einem anderen Menschen ausgebreitet hätte.

Nach Ausschluß anderer Störfaktoren wird ein Gespräch mit dem Manne geführt und ohne Verletzung des für ihn offenbar sehr wichtigen Selbst-

wertgefühls eine allmähliche Korrektur vorgeschlagen. Inzwischen sind etwa zwei Jahre ins Land gegangen. Die Frau ist zu einer eifrigen Kneippianerin geworden, hat sich allmählich emanzipiert und ihre eingangs geschilderten Beschwerden sind weitgehend gebessert. Ihr Partner hat diese Änderung letztlich auch positiv gefunden!

Eine Zuneigung muß immer wieder neu gewonnen werden. Die Gemeinsamkeit darf nicht zur Routine erstarren, denn dann wird sie inhaltslos und droht bei Belastungen zu zerbrechen. In unserer Zeit, in der die tradierten Moralbegriffe nicht sehr hoch eingeschätzt und von »Erringen«, »Besitzen« und »Behaupten« verdrängt werden, muß man das ständige Bemühen um die Partnerschaft immer wieder unterstreichen.

Allzu leicht drängen sich sonst fremde Menschen, die den Vorstellungen des einen oder anderen Teiles eher entsprechen, in die Gemeinschaft hinein. Damit wird versucht, Verständnis und Entgegenkommen, das beim angetrauten Partner vermißt wird, zu finden — eine Konfliktlösung, die in der Regel keine ist, da sie nur neue Schwierigkeiten bringt. Gemeinsam erlebte, zumindest in den Anfängen schöne Jahre, können nicht verdrängt werden und stehen immer wieder zwischen einer neuen Verbindung.

Hinzu kommen Probleme mit den anderen Familienmitgliedern der vorangehenden und nachfolgenden Generationen. Letztlich ist dies auch nicht selten mit gewaltigem finanziellen Aufwand verbunden, wenngleich dies gegenüber den psychischen Belastungen eher zweitrangig ist. Es sollte daher nie aus Augenblicksituationen heraus ein Schritt getan werden, dessen nachfolgende Wirkungen durch eine momentane Blendung nicht bedacht werden. Auch ältere, reifere Menschen, deren Individualität stärker ausgeprägt ist, dürfen nicht aufhören, den Partner zu verstehen versuchen und eine gewisse Eigenständigkeit zu respektieren.

Wird dies optimal getan, dann ist die **eheliche Gemeinschaft der beste Schutzwall** zur Erhaltung eines funktionierenden Ordnungsgefüges und das beste Instrumentarium zur Bewältigung von schwierigen Lebenssituationen. Was gibt es Schöneres und Befreienderes als vor dem Weggefährten Schwierigkeiten ausbreiten zu können und mit ihm nach Lösungen zu suchen. Wir haben es im Abschnitt über das befreiende Gespräch schon erwähnt. Damit wird der ursprüngliche Sinn der Gemeinschaft, wenn man von der Erhaltung der Art absieht, erreicht. Es ist die **gemeinsame** Bewältigung des Lebens.

Therapieplan 1. Woche zu Fall Seite 53/54

HYDROTHERAPIE				
	früh	**vormittags**	**nachmittags**	**abends**
Mo	Oberkörper-waschung	Armbad		Wadenwickel
Di	Oberkörper-waschung	Knieguß	Vollbad mit Melisse	Wassertreten
Mi	Oberkörper-waschung	Armbad		Wadenwickel
Do	Oberkörper-waschung	Knieguß		Wassertreten
Fr	Oberkörper-waschung	Armbad	Vollbad mit Melisse	Wadenwickel
Sa	Oberkörper-waschung	Knieguß		Wassertreten
So		Vollbad mit Fichtenzusatz		

BEWEGUNG
Gymnastik in der Gruppe einmal wöchentlich. Täglich nachmittags flotter Fußmarsch. Abendspaziergang nach dem Abendessen.

ERNÄHRUNG
Ausgeglichen bilanzierte, fettmodifizierte Vollwerternährung. Ungestörte Nahrungsaufnahme.

ORDNUNGSTHERAPIE
Bemühung zur allmählichen Emanzipation mit Gleichstellung in der Partnerschaft. Eigenständigkeit zur Selbstbestätigung.

Therapieplan 2. Woche zu Fall Seite 53/54

HYDROTHERAPIE				
	früh	**vormittags**	**nachmittags**	**abends**
Mo	Oberkörper-waschung	Armbad		Wadenwickel
Di	Oberkörper-waschung	Schenkelguß	Vollbad mit Melisse	Wassertreten
Mi	Oberkörper-waschung	Wechsel-Armbad 2 x		Wadenwickel
Do	Oberkörper-waschung	Schenkelguß		Wassertreten
Fr	Oberkörper-waschung	Wechsel-Armbad 2 x	Vollbad mit Melisse	Trocken-bürstung
Sa	Oberkörper-waschung	Schenkelguß		Wassertreten
So		Vollbad mit Fichtenzusatz		

BEWEGUNG
Wie 1. Woche.

ERNÄHRUNG
Wie 1. Woche.

ORDNUNGSTHERAPIE
Wie 1. Woche.

In der dritten Woche Montag, Mittwoch und Freitag Wechsel-Armbad, 3 x Wechsel, sonst wie zweite Woche. Ab der vierten Woche täglich ein- bis zwei Anwendungen über längere Zeit fortsetzen und Bewegung beibehalten. Das gilt auch für Ernährung und Ordnungstherapie.

Zur Gemeinschaft zweier Menschen gehört auch die auf gegenseitigem Verständnis beruhende **Sexualität.** Leben zu zeugen und damit weiterzugeben ist das Grundelement des Daseins aller Lebewesen. Trieb und Lust waren evolutiv vorerst nur auf Fortpflanzung ausgerichtet. In der Entwicklung des Menschengeschlechtes mit geistigen Aktivitäten kam es auch zu einer Emanzipation der sexuellen Betätigung. Sie hat sich nicht mehr allein nach der Bewahrung der Art orientiert, sondern ist zu einem wesentlichen Faktor in den zwischenmenschlichen Beziehungen zweier Partner geworden.

Lange Zeit wurde darüber nur hinter vorgehaltener Hand oder in diskriminierender Weise gesprochen. Natürliches Verlangen war tabu und geschäftstüchtige Manager wußten daraus Kapital zu schlagen. Dieser sicherlich unbefriedigende Zustand ist heute überwunden. Die Kinder und Jugendlichen sind nicht mehr auf reine Eigenerfahrung angewiesen und werden bereits in der Schule über die Beziehungen der beiden Geschlechter zueinander informiert. Vor allem wird zunehmend offener mit dem Arzt darüber gesprochen und kann in diagnostische Überlegungen mit einbezogen werden.

Die **sexuellen Beziehungen** nehmen im emotionalen Bereich einen sehr wesentlichen Platz ein und über die Einströmungen in die vegetativen Zentren haben sie nicht unbedeutenden Einfluß auf das Ordnungsgefüge. Ausgeglichene, die Erwartungen erfüllende und partnerschaftlichen Widerhall findende sexuelle Betätigung hat sehr positiven Einfluß auf die Lebensqualität. Andererseits führt sexuelle Disharmonie nicht selten zur Entfremdung und unter Umständen zu Abneigung und Haß. Rechtzeitiges Mitteilen an den Arzt ermöglicht eine frühzeitige Korrektur und verhindert Auswirkungen auf andere Lebensbereiche, die zu einem Bruch der Ehegemeinschaft führen können.

Die Sexualmedizin hat, obwohl noch eine junge Disziplin, ein beträchtliches Wissensgut angesammelt, so daß dem Arzt ein umfangreiches Instrumentarium zur Verfügung steht. Die verwöhnten Zeitgenossen dürfen allerdings nicht erwarten, daß alle Schwierigkeiten mit einigen Tabletten zu beheben sind. Meist ist ein Lernprozeß erforderlich, der beide Teile einbezieht und umso erfolgreicher ist, je mehr er von Zuneigung und Liebe getragen wird.

Das Gesagte gilt für alle Altersstufen, denn wir wissen, daß sexuelles Verlangen nicht mit dem Verlust der Fortpflanzungsfähigkeit der Frau endet und auch im Leben des älteren Menschen einen beachtlichen Stellenwert einnehmen kann. Phantasievoll erfüllter Intimbereich festigt in allen reifen Lebensabschitten das Zusammengehörigkeitsgefühl und hat einen bedeutenden ordnungstherapeutischen Effekt!

Partnerschaftliche Probleme

+	–
Aufrichtige Zuneigung	Versachlichung der Zweisamkeit
Das Miteinander	Das Nebeneinander
Gegenseitiges Verständnis	Beherrschen-Wollen
Gleichgestellte Partner	Gleichgültigkeit
Toleranz	Intoleranz
Partnerschaft stets pflegen	In Routine erstarren
Sexuelle Harmonie	Sexuelle Disharmonie

Generationsprobleme

Solange das Menschengeschlecht besteht, hat man Alter mit Weisheit und angesammelter Erfahrung verbunden. Der reife Facharbeiter, der im Laufe der Jahre verschiedene Spielarten seines Berufes erlebt hat, bewies größere Routine als der Unerfahrene. Das gleiche wurde auch in allen anderen Berufsgruppen konzediert. Erst unserer Leistungsgesellschaft des 20. Jahrhunderts war es vorbehalten, von dieser Grundmeinung abzugehen.

Alter wird mit eingeschliffenen Verhaltensweisen gleichgesetzt, die durch Mangel an Flexiblität dem Fortschritt nur hinderlich sein können. Die Alten werden zum Bremsklotz abgestempelt und ihre Meinungen »von gestern« als jeder Innovation hinderlich betrachtet. Unbestritten bleibt das Lehren an sich, das Weitergeben an Wissen und Erfahrungen an die nächste Generation. So ergibt sich eine Zwiespältigkeit zwischen notwendiger Anerkennung oder auch Duldung einerseits und Verdrängen bis Ignorieren andererseits.

Darin liegt unserer Meinung nach die Wurzel für alle Schwierigkeiten, die sich heute zwischen den Generationen auftun. Die Älteren, auch und ganz besonders die Eltern, sind bereit, ihre mitunter schwer bezahlte Erfahrung an die Jugend weiterzugeben, um sie vor bösem Lehrgeld zu bewahren. Wenn dies mit einem gewissen autoritären Gehabe, das eher in die Mottenkiste paßt, verbunden ist, nehmen die jungen Menschen von vornherein eine ablehnende Haltung ein. In gleicher Weise wehrt sich der ältere Mensch als altes, nicht mehr formbares Eisen abgetan zu werden.

Als Ausweg bleibt das **Aufeinander-Zugehen** und Verständnis für die andere Seite zu suchen, wie wir dies auch bei den Partnerproblemen angeführt haben. Das Kind muß als gleichwertiger Partner anerkannt und als solcher geachtet werden. Das Aufschauen zu den Eltern darf nicht mit diktatorischen Methoden erzwungen werden, sondern muß von den erfahrenen Werten, als Mensch und schöpferisches Wesen, aus sich heraus entstehen.

Voraussetzung dazu ist das Gespräch, für das in unserer Welt so wenig Zeit bleibt. Nur durch das **Miteinander-Sprechen** können die Gedanken der einen Seite der anderen eröffnet werden. Viele junge Menschen aus der Drogenszene und aus der Kriminalität, die aus geordneten Bahnen ausgebrochen sind, könnten noch wertvolle Mitglieder der Gemeinschaft sein, wenn sie rechtzeitig Zuwendung und Anerkennung gefunden hätten! Finanzielle Absicherung kann liebevolles Bemühen nicht ersetzen. Vielen Eltern wäre die zu späte Fragestellung »Warum hast du das getan, du hast doch alles gehabt« erspart geblieben, wenn sie rechtzeitig bedacht hätten, daß zum Alleshaben in erster Linie Zeit, Gespräch und Verständnis gehören.

So erachten wir es im Sinne der Lebensordnung und vor allem bei auftauchenden Problemen im Sinne der Ordnungstherapie als elterliche Pflicht, dem Kinde neben allen materiellen Notwendigkeiten ausreichend **Zeit zum Gespräch** zu widmen. Das soll nicht unbedingt am nüchternen Rundtisch stattfinden, sondern kann viel erfolgreicher bei gemeinsamen Erlebnissen ablaufen.

Ein gemeinsamer Spaziergang oder eine Wanderung bieten viele Ansatzpunkte, um entstehende Fragen oder Schwierigkeiten zu diskutieren. Der Rahmen in Gottes freier Natur wirkt verbindend und eröffnet die Herzen. Das Kind erhält das Gefühl der gleichwertigen Partnerschaft, und für die Erwachsenen bringt die Einbeziehung der Nachkommenden mit gleichem Fleisch und Blut in das eigene Leben eine tiefe Befriedigung. Berufliche Interessen sollen dem untergeordnet werden. Dies ist nicht immer leicht, und unsere gesellschaftlichen Gepflogenheiten sind dem keineswegs förderlich. Trotzdem sollte sich jeder vernünftige Mensch dazu durchringen, bei seiner Zeitplanung für die Kinder genügend Raum zu lassen. Er nützt sich damit selbst und fördert den Zusammenhalt seiner Gemeinschaft.

Der schwierigste Abschnitt ist wohl die **Trotzphase der Jugendlichen.** Jenes Alter, wo der junge, noch nicht reife Mensch seine Mündigkeit mit mehr oder weniger tauglichen Mitteln immer wieder unterstreichen möchte. Es ist jene Lebensphase, wo gerne alles verneint wird und wo die Gefahr des Abgleitens besonders groß ist. Es ist weniger schwierig, wenn von früher Kindheit an die Anerkennung als selbständiges Wesen und gleichgestellter Partner gepflogen wurde! Auf keinen Fall darf in dieser Altersstufe mit Strenge und Verboten vorgegangen werden.

Der Überzeugung muß, wenn es auch nicht immer leicht fällt, der Vorzug gegeben werden. Es ist die Zeit, wo nie genug diskutiert werden kann und wo verständnisvollen Eltern auch die eine oder andere lehrsame Erkenntnis erwachsen kann. Junge Menschen sehen manche Situation viel unvoreingenommener als ältere, die nicht selten mit vorgefaßten Meinungen an

Probleme herangehen. So kann die gefahrenträchtige Lebensphase für beide Teile gewinnbringend gestaltet werden und in der Lebensordnung positive Akzente setzen.

Generationsprobleme gibt es weiters, wenn bei Gewerbetreibenden, Unternehmern, Landwirten und Freiberuflern **die Kinder in das Berufsleben kommen** und allmählich die Nachfolge antreten sollen. Der Senior hat in der Regel durchaus erfolgreich gearbeitet und will an seinem System, an seiner Routine festhalten. Der Junior hat während seiner Ausbildung unter Umständen Innovationsmöglichkeiten kennengelernt, die er in den Betrieb, das Geschäft, die Kanzlei usw. einbringen möchte. Modernisierung trifft auf Tradition, und das kann gewaltige Reibeflächen bringen. Starrsinn auf der einen Seite und Unnachgiebigkeit auf der anderen können alles Geschaffene in Frage stellen.

Allein das Gespräch und das Bemühen, den anderen zu verstehen, können beide Teile zusammenführen und ein gemeinsames Werk, das die Vorteile von Tradition und Fortschritt vereint, entstehen lassen.

Aus der Praxis:

Ein Besitzer eines Mittelbetriebes hat als junger Handwerker den Aufbau begonnen. Unter größtem Einsatz mit einer 70- bis 80-Stunden-Woche gelang es ihm, mit Unterstützung durch seine Gattin, Stein auf Stein zu setzen und schließlich ein gut florierendes Unternehmen zu schaffen. Der sehr ambitionierte Junior wurde nach entsprechender schulischer Ausbildung in den Betrieb eingeführt. Nach Bewährung wurde er zum Geschäftsführer bestellt, und danach begannen die Generationsprobleme. Er hat den väterlichen Führungsstil, der auf freundliche, aber doch auch streng patriachalische Prinzipien aufgebaut war, verlassen und eine sachliche Lenkung eingeführt. Er hat der Eigeninitiative der Mitarbeiter breiten Raum eingeräumt und das Produktionsprogramm auf Computersteuerung umgestellt.

Der Senior sieht nun wohl, daß der Betrieb weiter floriert, aber bei seinen Betriebskontrollen erlebt er immer wieder Gepflogenheiten, die nicht seinen Vorstellungen entsprechen. Er fürchtet, daß auf längere Zeit gesehen, sein Werk ins Wanken kommen könnte. Durch diese Vorstellungen stellen sich bei dem Siebzigjährigen verschiedene Herz- und Kreislaufbeschwerden ein, die in einer vorübergehenden Sauerstoffarmut des Gehirns mit kurzdauernder halbseitiger Lähmung gipfelten. So kam er in ärztliche Behandlung, wo er nur sehr zögernd bereit war, über seine Generationsprobleme und seine betrieblichen Bedenken zu sprechen.

Nach einem längerfristigen Milieuwechsel ist es zu einer gründlichen Aussprache zwischen Vater und Sohn gekommen. Die kontroversiellen Meinungen wurden familiär diskutiert und allmählich ein Konsens gefunden. Der Senior geht weniger in den Betrieb und beschäftigt sich mehr mit den nach wie vor stimmenden Bilanzen. Der Junior hat seine Innovationsbegeisterung etwas gebremst und ist bereit, die Meinung des Unternehmensgründers in seine Entscheidungen mit einzubeziehen. Das Vater-Sohn-Verhältnis ist inzwischen wieder so, wie es vor den Auseinandersetzungen war, und der Seniorchef hat durch systematische Kneipptherapie seine frühere Lebensqualität wiedererlangt.

Generationsprobleme

+	–
Partnerschaft zwischen Kindern und Eltern	Erzwungene Subordination
Gegenseitiges Verständnis und Zuwendung	Ignoranz
Gemeinsame Erlebnisse	Mangelhafte Zuwendung
Zeit für das Gespräch	Verdrängen der kindlichen Probleme
Toleranz	Intoleranz

Therapieplan 1. Woche zu Fall Seite 61/62

HYDROTHERAPIE				
	früh	**vormittags**	**nachmittags**	**abends**
Mo		Fußbad mit Fichtenzusatz	Armbad	
Di		Wechsel-Fußbad 20°–35° 2 x Wechsel	Trockenbürstung Ganzkörper	
Mi		Fußbad mit Fichtenzusatz	Armbad	
Do		Wechsel-Knieguß mild 2 x Wechsel	Trockenbürstung Ganzkörper	
Fr		Wechsel-Fußbad 20°–35° 2 x Wechsel	Armbad	
Sa		Fußbad mit Fichtenzusatz	Trockenbürstung Ganzkörper	
So		Trockenbürstung		

PHYTOTHERAPIE
Fertigpräparat von Ginkgo bilob., 3 x täglich.

BEWEGUNG
Aus der Bettruhe heraus Gymnastik, zuerst liegend, dann sitzend und zum Abschluß stehend. Täglich vormittags und nachmittags zügigen Spaziergang von etwa 1/2 bis 1 Stunde Dauer. Abends keinen Spaziergang.

ERNÄHRUNG
Kalorienarme, fettmodifizierte Vollwerternährung. Geregelte, kultivierte Nahrungsaufnahme.

ORDNUNGSTHERAPIE
Lösung des Generationsproblems. Kein Nikotin. Geringe Mengen Alkohol. Pflege der Geselligkeit mit guten Freunden.

Therapieplan 2. Woche zu Fall Seite 61/62

HYDROTHERAPIE				
	früh	**vormittags**	**nachmittags**	**abends**
Mo		Halbbad mit Fichtenzusatz	Armbad	
Di		Wechsel-Fußbad 15°–35° 2 x Wechsel	Trockenbürstung Ganzkörper	
Mi		Halbbad mit Fichtenzusatz	Armbad	
Do		Wechsel-Fußbad 15°–35° 3 x Wechsel	Trockenbürstung Ganzkörper	
Fr		Halbbad mit Fichtenzusatz	Armbad	
Sa		Wechsel-Fußbad 15°–35° 3 x Wechsel	Trockenbürstung Ganzkörper	
So		Halbbad mit Fichtenzusatz		

PHYTOTHERAPIE
Wie erste Woche.

BEWEGUNG
Wie erste Woche.

ERNÄHRUNG
Wie erste Woche.

ORDNUNGSTHERAPIE
Wie erste Woche.

In der dritten Woche die Fichtenbäder auf 3/4 Bäder steigern. Wechsel-Fußbad zirka 15° und 35° 3 x Wechsel. Nachmittags anstelle der Armbäder Wechsel-Armbäder 20° und 35°, 2 x Wechsel, im Wechsel mit Ganztrockenbürstungen. Vierte Woche wie die dritte und ab der fünften Woche einzelne Anwendungen auslassen, aber täglich mindestens eine Anwendung machen.

Die Altenversorgung

Wir haben am Beginn dieses Abschnittes erwähnt, daß die Großfamilie in Mitteleuropa kaum noch anzutreffen ist. Die zivilisatorischen Entwicklungen haben sie verdrängt und damit das Problem der Altenversorgung ausgelöst. Früher waren die nachfolgenden Generationen um die Betreuung der alten Familienangehörigen bemüht. Sie wurden noch mit gewissen Aufgaben in das gemeinsame Leben eingebunden und eventuelle Hilfestellungen wurden zwangsläufig übernommen.

Heute läuft in der Regel alles anders. Die Kleinkinder werden nicht mehr von den Großeltern betreut, sondern kommen in die Krabbelstube oder in den Kindergarten. Die Jüngeren stehen allesamt im Berufsleben und finden keine Zeit, um den Alten in der einen oder anderen Weise behilflich zu sein. Einziger Ausweg ist das **Altenheim,** wo die Betreuung professionell, gegen Entgelt, mit mehr oder weniger Herz, durchgeführt wird. Ein Blick in derartige Institutionen läßt an der Richtigkeit dieser Lösung zweifeln. Wohl ist eine materielle versorgungsmäßige Absicherung gegeben, doch die menschliche Komponente, die auch das Dasein des alten Menschen noch lebenswert machen kann, wird in der Regel völlig vermißt.

Meist ist das Leben der Heiminsassen völlig ausgehöhlt. Sie leben von Mahlzeit zu Mahlzeit, versuchen die Stunden und Tage irgendwie totzuschlagen und warten, bis sich der eine oder andere Familienangehörige blicken läßt. Im Extremfall beschränken sich die Besuche auf das Abholen des Restes der monatlich überwiesenen Rente!

Abgesehen von der Notwendigkeit, das Heimleben inhaltsvoller zu gestalten, sollten auch die Jüngeren bereit sein, durch Besuche, durch Einladungen usw. das Gefühl des Abgeschobenseins zu verdrängen. Irgendwo schlummert doch in jedem Kind und Enkelkind das Verantwortungsgefühl für die Eltern, wenn sie ihr Leben nicht mehr selbst gestalten können und der Hilfe bedürfen. Wird dem nicht nachgekommen, droht früher oder später ein Gewissenskonflikt, der nicht ohne Auswirkungen auf das Ordnungsgefüge bleiben kann.

Als ordnungstherapeutische Konsequenz bleibt die Empfehlung für die aktive Generation, die familiären Bande nie zu durchtrennen und den Eltern zu vergelten, was sie einst für die Kinder getan haben. Schließlich soll nie vergessen werden, daß jeder in die Lage kommen kann, in einem unpersönlichen Heim die letzten Jahre seines Lebens verbringen zu müssen.

An dieser Stelle muß vermerkt werden, daß an der unbefriedigenden Situation vieler alter Menschen nicht immer der Zeitgeist und mangelnde Einsatzbereitschaft der nachfolgenden Generationen die Schuld tragen! Nicht selten sind das **Fehlverhalten der Senioren** und ihr Starrsinn die Ursachen. Sie wollen nicht wahrhaben, daß ihr Lebenszenit überschritten ist und sie nicht mehr bestimmend sind. Sie haben es versäumt, sich auf den dritten Lebensabschnitt entsprechend einzustellen, um von den Nachkommenden nicht als »bremsende Last« empfunden zu werden.

Um dem abzuhelfen, sollte dem in der Regel feierlich begangenen Übertritt in den Ruhestand ein Lernprozeß vorausgehen, der den geänderten Lebensverhältnissen Rechnung trägt. Vor allem muß die Eigenforderung in körperlicher und geistiger Hinsicht neu formiert werden.

Ersatzhandlungen für die berufliche Tätigkeit dürfen langaufgeschobene Hobbies berücksichtigen, sollen aber in ihrer Gesamtheit keinen qualitativen Abfall bringen. Das heißt, **»Rentnerbeschäftigung«** soll sich nicht auf manuelle oder mechanisierte Tätigkeiten, wie Haus- und Gartenarbeit, Einkauf usw. beschränken.

Zur Erhaltung der Leistungsfähigkeit braucht der ältere Mensch ständiges Training. Der körperlichen Tätigkeit soll breiter Raum gewidmet sein, inhaltlich am optimalsten nach den Grundsätzen Kneippscher Bewegungstherapie, wie sie im Anhang skizziert ist. Daneben darf die geistige Forderung nicht vergessen werden. Wenn die Gehirnmasse mit zunehmendem Alter zwangsläufig abnimmt, kann sie durch ständiges Üben leistungsfähig gehalten werden. Merkvermögen und Kritikfähigkeit lassen sich durch ständige Forderung bewahren. Hochbetagte Schauspieler, die mühelos ihre Rollen lernen, sind eindrucksvolle Beispiele.

Das soll nicht heißen, daß man, wie einst auf der Schulbank, mit dem Lernen von Gedichten beginnen muß. Es geht lediglich darum, Dinge nicht oberflächlich vorbeiziehen zu lassen, sondern möglichst intensiv im Gehirn zu verankern, damit sie jederzeit abrufbar sind. Der eigenen Phantasie sind dabei keine Grenzen gesetzt. Allein die »Angst vor Verkalkung«, von der wir immer hören, bringt keine Wende. Den altersgemäßen Abbau zu verhindern oder zumindest aufzuschieben, erfordert schon einiges Bemühen!

Aus der Praxis:

Ein pensionierter General mit 75 Jahren wurde von mir kürzlich in der Ordination auf sein offensichlich gutes Gedächtnis angesprochen und dazu berichtete er: Als er in den Ruhestand trat, merkte er ein Nachlassen der bis dahin ausgezeichneten Merkfähigkeit. Daraufhin begann er, sich alle Namen, die er täglich in den weltpolitischen Nachrichten in der Presse las, intensiv einzuprägen; ganz bewußt auch für ihn komplizierte fremdländische Namen. Daneben hat er Gelesenes und sonst Erfahrenes möglichst immer rekapituliert, um es »besser zu behalten«.

Heute, 10 Jahre danach, macht ihm das keine Schwierigkeiten mehr. Er glaubt – und das kann man ihm bestätigen – Einzelheiten und Ereignisse durchaus gut zu behalten. Seine Kritikfähigkeit bewahrt er sich durch Diskussionen mit seinen ehemaligen Berufskollegen, aber auch mit seinen Kindern und Enkelkindern.

Das zweite Beispiel betrifft eine 79jährige Lehrerin, die nach Übertritt in den Ruhestand ein neues Hochschulstudium begann. Schon während ihrer aktiven Zeit war sie an Archäologie sehr interessiert und hat sich dann, zeitlich unbelastet, ganz dieser Fachrichtung hingegeben. Das Studium hat sie längst abgeschlossen, arbeitet je nach Lust und Freude in einem Institut und ist jedes Jahr mehrere Wochen mit jungen Studenten unterwegs an Ausgrabungsstellen. Ihre körperliche Fitneß holt sie sich in einer Gymnastikgruppe, die auch ausgedehnte Wanderungen macht. Außerdem turnt sie täglich zuhause nach den Anweisungen der Gymnastiklehrerin. Obwohl diese ältere Dame völlig allein ist – die einzige Tochter lebt im fernen Südamerika – kennt sie keine Langeweile. Sie ist körperlich und geistig aktiv und hat ein durchaus erfülltes Leben. Im Gespräch kann man keinerlei Abbauerscheinungen feststellen!

Diesen beiden nachahmenswerten Beispielen ließen sich leider zahlreiche negative Fälle gegenüberstellen. Allzu viele alte Menschen, die mit dem Leben nichts mehr anzufangen wissen, bevölkern die ärztlichen Praxen!

Die Bekämpfung der Risikofaktoren gegen **Arteriosklerose,** allen voran der Fettstoffwechselstörungen, und ausreichende Zufuhr von Vitaminen, Mineralien und Spurenelementen, ist auch im Alter wichtig. Die Ernährung muß frühzeitig, am besten von Kindheit an, auf Gesundheit ausgerichtet sein. Tierische Fette sollen durch pflanzliche ersetzt werden, und Vollkornprodukten mit reichlich Cerealien ist der Vorzug zu geben. Je älter, umso mehr muß auf die ausreichende Zufuhr von Wirkstoffen geachtet werden. Die Nahrungszufuhr soll regelmäßig und mit entsprechender Sorgfalt erfolgen. Das betrifft die Auswahl der Nahrungsmittel, eine angemessene Tischkultur und sorgfältiges Kauen bei insgesamt langsamem Essen. Schließlich ist der ältere Verdauungstrakt nicht mehr so aufnahmebereit wie in der Jugend. Die geforderte geistige und körperliche Leistung des Seniors bedarf ausreichender Energie und der Stoffe, die zur Umsetzung notwendig sind.

Der ältere Mensch braucht die **Massenmedien als Fenster zur Welt.** Tageszeitungen, Zeitschriften und vor allem Rundfunk und Fernsehen bringen ihm Leben ins Haus. Es darf nur nicht zum passiven Konsumieren führen. Das unentwegte »In-die-Röhre-starren« ist dem Senior, wenn er die erhaltenen Informationen nicht entsprechend verarbeitet, genau so wenig zuträglich wie dem Kind. Unter Verarbeitung versteht man das Merken wissenswerter Dinge, eine sachliche Kritik und eventuelle Diskussion mit anderen Menschen.

Erst dadurch wird aus dem »Zeitvertreib« eine sinnvolle Betätigung, die der Erhaltung des individuell verschiedenen geistigen Niveaus dient. Sie dient auch der Erfassung von Veränderungen des Umfeldes, die man trotz Ausscheidens aus dem Arbeitsprozeß nicht ignorieren darf. Neuerungen sollen überlegt und nicht prinzipiell als überflüssig vom Tisch gewischt werden. Andererseits darf sich der ältere Mensch nicht prostituieren und jede Neuerung kritiklos übernehmen, nur um den Jüngeren gefällig zu sein. Erfahrung und Reife sollen beitragen, objektive Beurteilungen zu finden, auch wenn ab und zu etwas über den eigenen Schatten gesprungen werden muß!

Ein weiteres Problem sind die sich im Alter stärker ausprägenden Charakterzüge. Aus der Psychologie wissen wir, daß sich Charaktereigenheiten, die schon in jungen Jahren bestanden, mit zunehmendem Alter verschärfen und nach Wegfall vernunftbedingter Hemmungen unter Umständen erst richtig zum Durchbruch kommen.

Übertriebene Sparsamkeit kann in Geiz umschlagen, gezügeltes Selbstbewußtsein kann zum Egoismus werden und Konkurrenzstreben kann in haßerfüllten Neid ausarten, um nur einige mögliche Veränderungen anzuführen. Derartige **Charakterverschärfungen** sind natürlich wenig geeignet, um sich Sympathien zu schaffen. Nahestehende Menschen werden Distanz suchen, und früher oder später wird die Vereinsamung perfekt. Deshalb sollte man nie aufhören, bei Schwierigkeiten das Eigenverhalten kritisch zu analysieren und nicht von vornherein die Schuld immer beim anderen suchen. Wenn dies ein Leben lang geübt wurde, wird auch im Alter die Vernunft noch humane Verhaltensmuster finden lassen. Dies ist auch ein Trainingssystem, dessen man sich nicht früh genug und nicht konsequent genug bedienen kann, um auch im Lebensherbst noch sonnige Tage zu erleben!

Die gelegentlich zu beobachtenden Versuche, mit materiellen Werten Beachtung erzwingen zu wollen und eine früher innegehabte Stellung zu bewahren, wird nie zu menschlicher Wärme und Geborgenheit führen. Es kann bestenfalls Ignoranz verhindert, aber niemals aufrichtige, opferbereite Verbundenheit gefunden werden. Auch mit verschiedensten Krankheiten, die bei jeder Gelegenheit drastisch demonstriert werden, Mitleid zu heischen, ist nicht der richtige Weg.

Achtung und gegebenenfalls auch Hilfe zu bekommen, hängt von lebenslangen, ehrlichen zwischenmenschlichen Beziehungen und dem Bemühen, auch im Alter noch ideelle Werte zu geben, ab. Egoismus, Intoleranz und Agressivität zerstören jeglichen Inhalt der letzten Lebensjahre und mindern die Lebensqualität!

Diese ist naturgemäß auch durch Krankheiten gemindert, wie sie im vorgerückten Lebensalter gehäuft auftreten. Es gehört daher zu den ordnungstherapeutischen Bemühungen, mit diesen **Krankheiten fertig zu werden.** Allzu verlockend ist das Leben in den Krankheiten, durch die man auf sich aufmerksam machen kann, und die zumindest Arzt und Betreuer (eventuell auch die Angehörigen) zur Zuwendung zwingen. Mit dieser Einstellung geht allerdings alles positive Leben und Erleben verloren und bringt nur mehr ein »Dahinsiechen«.

Bestehende Krankheiten sollen mit dem Arzt besprochen und durch entsprechende Maßnahmen bekämpft werden. Der Umgebung ständig davon zu berichten, bringt keine Hilfe. Viel wichtiger ist es, über dem eigenen Ungemach die positiven Seiten des Lebens, die sich auch in der mißlichsten Situation finden lassen, nicht zu übersehen. Das bringt Lebensqualität bis zum endgültigen Abtreten.

So verlangt die Altenversorgung von den Senioren einen Gutteil Eigenleistung, das heißt, sie dürfen nie aufhören, ihr Leben in beiden Händen zu halten und in jeder Lage positiv zu denken und zu handeln.

Die Altenversorgung

+	–
Lebenslange Pflege der Familienbande	Zerfall der Großfamilie
Kontakte bewahren	In Heimen Verlust des Lebenssinnes
Veränderungen akzeptieren	Ignoranz der Nachfolgenden
Körperliches und geistiges Training	Mangelnde Aktivität
Vollwerternährung	Fehlernährung
Selbstkritik	Egoismus
Leben mit oder gegen die Krankheit	Intoleranz
»Leben hat immer einen Sinn«	Aggressivität Leben in der Krankheit

Der Beruf

Der Großteil der Berufe hat durch die »erste« und nicht minder durch die »zweite industrielle Revolution« einen erheblichen Wertewandel erfahren. Zu einem nicht unbeträchtlichen Teil wurden humane Werte überhaupt aus dem beruflichen Alltag verdrängt. Geänderte, auf Rationalität ausgerichtete Produktionsmethoden haben dem einzelnen das **Gefühl der Wertschöpfung** genommen. Aus einer mehr oder weniger schöpferischen Tätigkeit ist für die meisten Menschen eine von Mechanismen bestimmte Arbeit geworden. Die persönlich aufbauende, kreative Beschäftigung ist zum wenig geliebten, aber notwendigen Job geworden. Ein typisches Beispiel ist der Tischler (Schreiner) von einst und jetzt. Früher hat der einzelne vom ersten Handgriff an ein Möbelstück geformt und konnte sich schließlich mit dem Geschaffenen identifizieren. Heute ist er in der Serienproduktion mit einem bestimmten Produktionsvorgang beschäftigt, ohne unter Umständen das Endprodukt zu kennen oder zu sehen. Der, der das Endprodukt letztlich aus den vorgefertigten Teilen zusammenfügt, weiß wieder kaum um die Vorarbeiten Bescheid. Ziel des einzelnen ist nicht mehr das Schöpfen von Werten, sondern das erzielbare Entgelt, das Teil unseres heutigen, materiell bestimmten Weltbildes ist und die echte Humanitas in das Traumland verweist.

Noch gibt es allerdings Berufe, wo man sein Können und Wissen voll entfalten kann. Empfindsame Jugendliche, die es zur Ehrenrettung der Menschheit Gott sei Dank noch gibt, sollten dies bei ihrer **Berufswahl** berücksichtigen, um späteren Enttäuschungen vorzubeugen. Die sachlich kühlen Typen, die von Haus aus von außerberuflichen Interessen bestimmt sind, werden eher auf berufliche Erfüllung verzichten können. Von den Eltern muß man verlangen, daß sie ihren Kindern bei den lebensentscheidenden Schritten entsprechende Hilfestellung leisten. Kein Dirigismus, sondern das Sammeln möglichst umfangreicher Information und das gemeinsame Beraten werden die richtige Entscheidung finden lassen. Professionelle Berufsberater können zu Rate gezogen, aber ihre Aussagen sollen nicht apodiktisch befolgt werden. Eltern wissen um die Neigung ihrer Kinder, wenn sie ihr Zusammenleben nach unseren Vorstellungen gestaltet haben, in der Regel viel besser Bescheid als fremde Menschen, die sich nach den Interessen einzelner Berufssparten richten.

Warnen muß man davor, daß Eltern den Jungen einen beruflichen Weg aufzwingen, den sie selbst rückblickend gerne gegangen wären, aber nicht gehen konnten. Kurz gesagt beim Kinde zu verwirklichen suchen, was sie selbst nicht erreicht haben. Das mündet zum Teil schon in der Ausbildung, zum Teil erst später im Erwerbsleben, in Unzufriedenheit und auch nicht selten in Versagen (Studienabbruch usw.). Die Wahl des Berufes sollte immer ein Gemeinschaftsschritt von Alt und Jung sein und darf auch nicht familiären Berufstraditionen untergeordnet werden.

Grundlage erfolgreicher Tätigkeit ist eine gediegene Ausbildung, die in unserer Zeit der Bildungsexplosion nie umfangreich genug sein kann. Die Eltern sollten sich um die Eröffnung aller möglichen Wege bemühen, um sich später den Vorwurf, berufliche Chancen verbaut zu haben, zu ersparen. Freilich müssen individuelle Grenzen berücksichtigt werden und die erwählten Ausbildungswege der geistigen und eventuell auch körperlichen Leistungsfähigkeit entsprechen.

Aus der Praxis:

Ein Fall von Dutzenden, wie sie mir beinahe allwöchentlich in der Praxis begegnen:
Ein neunjähriges Mädchen wird von der Mutter in die Ordination gebracht, nachdem es in der Schule am Vormittag wiederholt Kreislaufschwierigkeiten gegeben hat. In der zweiten Unterrichtsstunde bemerkte die Lehrerin zeitweilig eine zunehmende Blässe des Kindes, und Anlaß der ärztlichen Beratung war ein vorangegangener Kollaps. Anamnestisch wird von der Mutter angegeben, daß sich das Kind in der Schule »schwer tut«. Eltern und vor allem die Großeltern sind jedoch sehr bemüht, aus dem Kind »etwas zu machen«. Im Klartext: Das Kind wird gedrillt. Das geht nur mit entsprechendem Zeitaufwand, sodaß für Spiele und einfach für das »Kindsein« kaum eine freie Minute bleibt. Das Kind hat keine Geschwister, außerschulische Kontakte werden nicht gepflogen und so bleibt nur der Umgang mit Erwachsenen, die ständig auf den Lernerfolg bedacht sind. Nebenbei wird noch erwähnt, was ohnedies augenscheinlich war; nämlich daß das Mädchen eine schlechte Esserin sei.

Die klinische Untersuchung einschließlich Labor und Lungenröntgen erbrachte keinerlei krankhaften Befund. Lediglich Blutdruck und Puls zeigten beim Schellong'schen Kreislauftest (vereinfacht: Blutdruck- und Pulsmessung zuerst nach 5 Minuten Ruhe im Liegen und dann in minütlichen Abständen bei ruhigem Stehen) eine typische Veränderung im Sinne der hypotonen Kreislaufregulationsstörung. Die Blutdruckobergrenze (systolischer Wert) sank allmählich ab, während die Untergrenze (diastolischer Wert) anstieg. Gleichzeitig stieg auch die Pulsfrequenz an. Nach 6 Minuten haben wir den Test abgebrochen, da das Kind blaß wurde und zu kollabieren drohte. Im Liegen hat es sich rasch wieder erholt. Die unmittelbaren Schwierigkeiten, die auf einer vegetativ hormonalen Fehlsteuerung beruhten, konnten wir mit morgendlichen Oberkörperwaschungen und Rosmarinbädern bald beherrschen. Die Ursache, die vom Leistungszwang der Eltern und Großeltern herrührt, ist im speziellen Fall noch nicht beseitigt. Es wird lediglich etwas mehr Freiraum als bisher gewährt. Ich bin aber überzeugt, daß mir die kleine Patientin früher oder später wieder vorgestellt wird und eine normale Entwicklung von der Anpassung der Leistungsanforderung an die Leistungsfähigkeit abhängig sein wird. Derartige Fälle erleben wir vor allem bei etwas älteren Kindern in den ersten Klassen der höheren Schulen.

Die Bildung und Ausbildung eines jungen Menschen mit Sorgfalt und Verständnis zu einem optimalen Erfolg zu geleiten, kann zur Bewahrung des Ordnungsgefüges aller Beteiligten außerordentlich viele positive Momente einbringen. Es verbindet die Generationen für ein Leben lang. Andererseits kann Versäumtes meist nicht mehr korrigiert werden und stellt ein gewaltiges ordnungstherapeutisches Problem dar.

In unserer Zeit der unerhört raschen Entwicklung ist es unmöglich, ein Leben lang mit der erlernten beruflichen Basis auszukommen. Das gilt für handwerkliche Tätigkeiten genauso wie für geistige Berufe. Während der erste Ausbildungsweg in der Regel unter entsprechender Obhut vollzogen wird, bleibt die **Weiterbildung** der Eigeninitiative des reifen Menschen überlassen und sollte immer gepflogen werden.

Dort, wo der Unternehmenserfolg vom Wissen und Können der Mitarbeiter bestimmt wird, bieten vor allem größere Betriebe entsprechende Seminare an. Die meisten Menschen können aber nicht auf derartige Angebote zurückgreifen und sind auf ihre Eigeninitiative angewiesen. Es bleibt ihnen selbst überlassen, die Freizeit dafür zu nutzen, damit sie sich im alltäglichen Konkurrenzkampf behaupten können und vorankommen. Das alte Sprichwort »Ohne Fleiß kein Preis« ist keineswegs überholt. Nach wie vor kann nur durch entsprechenden Einsatz berufliche Behauptung und damit Selbstbestätigung erreicht werden. Dies wird von bequemeren Typen allzu gerne verdrängt, zumal sie in den Printmedien unentwegt von Parasiten der Gesellschaft lesen, die auf Kosten anderer oder sonst unverdienterweise ein ausschweifendes Leben führen. Das sind aber keine Maßstäbe, und berufliches Versagen muß immer zuerst im Eigenbereich gesucht werden.
Weiterbildung sollte nicht erst einsetzen, wenn die ersten Schwierigkeiten auftreten, sondern muß frühzeitig und ein Leben lang betrieben werden.

Therapieplan 1. Woche zu Fall Seite 72/73

HYDROTHERAPIE				
	früh	**vormittags**	**nachmittags**	**abends**
Mo	Oberkörper-waschung		Vollbad mit Rosmarin	Wassertreten
Di	Oberkörper-waschung		Knieguß	Wassertreten
Mi	Oberkörper-waschung		Vollbad mit Rosmarin	Wassertreten
Do	Oberkörper-waschung		Sauna	Wassertreten
Fr	Oberkörper-waschung		Vollbad mit Rosmarin	Wassertreten
Sa	Oberkörper-waschung		Schenkelguß	Wassertreten
So		Vollbad mit Rosmarin		

PHYTOTHERAPIE
Rosmarin-Fertigpräparat. Morgens und mittags 10 bis 15 Tropfen.

BEWEGUNG
Aus dem Liegen heraus vorsichtige Kreislaufgymnastik. Nachmittags 1 Stunde Ausdauersport. Der nicht sehr weite Weg zur und von der Schule wird zu Fuß zurückgelegt und nicht mit dem Auto.

ERNÄHRUNG
Vollwerternährung. Ausgiebiges, kultiviert genossenes Frühstück mit Kräutertee. Verspätetes Mittagessen mit anderen Familienangehörigen.

ORDNUNGSTHERAPIE
Leistungszwang ausschalten, eventuell Wechsel des Schultypes. Reduktion des Fernsehens. Abends Bücher lesen.

Die nächsten Wochen unverändert.

Vor allem der ältere Mensch sollte nicht aufhören, sich neues Wissen anzueignen. Die selbst erworbene Erfahrung hat nur sehr beschränkten Wert und die physiologisch bedingte altersmäßige Leistungsminderung kann gegenüber der jüngeren Kollegenschaft nur durch überlegenes Wissen und Können ausgeglichen werden. Damit kann die erworbene Position bis zum Ausscheiden aus dem Berufsleben gehalten werden.

Bei körperlicher beruflicher Tätigkeit spielen degenerative Veränderungen am Bewegungs- und Stützapparat und unter Umständen auch andere, mit zunehmendem Alter häufig auftretende Erkrankungen eine wesentliche Rolle. Im Extremfall werden sie zur Frühinvalidität führen. Die Vorstadien, die wohl hinderlich, aber noch nicht »rentenfähig« sind, können bedeutende Schwierigkeiten machen. Um dies zu vermeiden, muß rechtzeitige Vorbeugung betrieben werden, noch ehe Probleme auftreten. Die Kneipptherapie mit ihren fünf Behandlungsrichtungen ist, wie eingangs erwähnt, das bestgeeignete Instrumentarium, um Abbauerscheinungen und chronischen Erkrankungen vorzubeugen. Der Lebensordnung kommt dabei vorrangige Bedeutung zu. Sie wird aber wirksam durch die vier anderen ergänzt und getragen.

Aus der Praxis:

Ein 56jähriger Stahlarbeiter kommt wegen seit längerer Zeit bestehender Beschwerden im Oberbauch, relativ kurz nach der Nahrungsaufnahme, gelegentlich aber auch völlig unabhängig davon, in die Sprechstunde. Appetit und Stuhl sind normal, keine Gewichtsreduktion, kein Sodbrennen, kein saures Aufstoßen, lediglich gewisser Zusammenhang mit höhergradigen Alkoholikas und gebratenen Speisen. Die einschlägigen Untersuchungen ergeben einen leichten Reizzustand der Magenschleimhaut (Gastritis), jedoch keine Geschwürsbildung oder sonstige organische Veränderung. Auch Herz und Kreislauf zeigen keinen abnormen Befund. Lediglich eine chronische Lungenblähung und eine chronische Bronchitis, bei 20 Zigaretten täglich und der langfristigen beruflichen Hitze- und Staubbelastung, sind zu registrieren.

Die weitere Befragung ergibt ein an sich geregeltes soziales Umfeld, mit Ausnahme der in den letzten Jahren zunehmenden Schwierigkeiten bei der schweren Arbeit im Hitzemilieu. Früher hätte ihm die Arbeit im Gießereiwesen Freude bereitet, und er wurde auch von seinen Kollegen und Vorgesetzten als vorzüglicher Fachmann geachtet. Mit neuen Verfahren komme er nicht mehr so richtig zurecht, und seine einstige Dominanz bröckelt immer mehr ab. Von seinen Mitarbeitern wird er gehänselt, daß er

»nicht mehr so wie früher sei und jetzt eben alt werde«. Dies erschüttere seinen immer geringeren beruflichen Ehrgeiz, und jede Schicht werde ihm zur Qual. Jetzt denke er nur mehr an das Überstehen der letzten Jahre und er versäumt nicht die Frage anzuschließen, ob seine Beschwerden eventuell für einen vorzeitigen Ruhestand ausreichten.

Therapeutisch konnte ich seine an sich banalen Beschwerden kaum beeinflussen, da er seine berufliche Situation als verfahren betrachtete und keinen Ausweg sah, noch sehen wollte. Das Rentenbegehren war in ihm schon so fixiert, daß es nicht gelang, ihn im Gespräch auf andere Lösungsmöglichkeiten zu bringen. Ganz allmählich konnte er nach Anweisung durch optimale Freizeitnutzung (altersgemäße Ausdauersportarten, Wanderungen, Kneippsche Anwendungen) sein Selbstwertgefühl wieder anheben und damit einen positiven Einfluß auf seine berufliche Behauptung erreichen. Heute sagt er mit gewissem Stolz, daß er »noch nicht zum alten Eisen gehöre« und es den »Jungen schon noch zeigen werde«. Seine vorwiegend vegetativ bedingten Oberbauchbeschwerden hat er inzwischen vergessen.

Mit der gediegenen Aus- und Weiterbildung steht die berufliche Zielsetzung in engem Zusammenhang. Je besser das Wissen und Können, umso höher kann die Latte gelegt werden. Sie darf nur nicht zu hoch liegen, denn **berufliches Versagen** gehört neben den familiären Problemen zu den schwerwiegendsten Ursachen gestörten Ordnungsgefüges. Vor allem bei freiberuflicher Tätigkeit kann es durch übertriebene Zielsetzung zu einem vernichtenden Absturz kommen. Das Suchen nach der ausgewogenen Mitte zwischen Selbstbewußtsein und Bescheidenheit, ein Grundprinzip Kneippscher Lebensordnung, und bedachte Behutsamkeit werden Erfolge zeitigen und sichern.

Dem Nicht-Freiberuflichen droht, wenn er seine Zielsetzungen überspannt, bei der heutigen günstigen Wirtschaftslage, keine existentielle Katastrophe. Trotzdem können nicht erreichte Vorgaben eine beträchtliche psychische Belastung mit vegetativen Entgleisungen bringen. Vor allem wenn finanzielle Hintergründe, nämlich die Befriedigung materieller Wünsche, die überzogene Zielsetzung diktieren, werden Minderwertigkeitskomplexe und unter Umständen auch partnerschaftliche Schwierigkeiten (»Du kannst mir kein standesgemäßes Leben bieten«) ausgelöst. Das Konsumdenken muß nach den individuellen Leistungsgrenzen ausgerichtet sein und darf trotz penetranter Werbung und gesellschaftlicher Zwänge nicht zum Leitmotiv des Lebens werden!

Therapieplan 1. Woche zu Fall Seite 75/76

HYDROTHERAPIE				
	früh	**vormittags**	**nachmittags**	**abends**
Mo	Oberkörper-waschung		Knieguß	Wassertreten
Di	Oberkörper-waschung		Vollbad mit Rosmarin	Wassertreten
Mi	Oberkörper-waschung		Schenkelguß	Wassertreten
Do	Oberkörper-waschung		Vollbad mit Rosmarin	Wassertreten
Fr	Oberkörper-waschung		Schenkelguß	Wassertreten
Sa	Oberkörper-waschung		Vollbad mit Fichte	Wassertreten
So		Vollbad mit Rosmarin		

BEWEGUNG
Anregungsgymnastik aus dem Liegen heraus. Nachmittags Sport in verschiedenen Arten (Wandern, Radfahren, Wiederaufnahme des früher betriebenen Tennis). Abendspaziergang. Zum Wochenende Segeltörn.

ERNÄHRUNG
Vollwerternährung mit regelmäßigen Mahlzeiten mit gepflegter Eßkultur.

ORDNUNGSTHERAPIE
Auseinandersetzung mit der Problematik. Autogenes Training. Neuformung der Beziehung zu den Arbeitskollegen. Rückhalt in der Familie.

Therapieplan 2. Woche zu Fall Seite 75/76

HYDROTHERAPIE				
	früh	**vormittags**	**nachmittags**	**abends**
Mo	Oberkörper-waschung		Wechsel-Schenkel-guß, 20°–35° 2 x	Wassertreten
Di	Oberkörper-waschung		Vollbad mit Fichte	Wassertreten
Mi	Oberkörper-waschung		Wechsel-Schenkel-guß, 15°–35° 2 x	Wassertreten
Do	Oberkörper-waschung		Vollbad mit Rosmarin	Wassertreten
Fr	Oberkörper-waschung		Wechsel-Schenkel-guß, 15°–35°	Wassertreten
Sa	Oberkörper-waschung		Vollbad mit Rosmarin	Wassertreten
So		Vollbad mit Fichte		

BEWEGUNG
Wie 1. Woche.

ERNÄHRUNG
Wie 1. Woche.

ORDNUNGSTHERAPIE
Wie 1. Woche.

3. und 4. Woche Wechsel-Schenkelguß von 15° – 35° auf 3 x wechseln steigern, sonst alles beibehalten. Zusätzlich noch Ganzkörper-Trockenbürstungen. Intensität und Zeitdauer des Sports allmählich steigern. Ab der 5. Woche allmähliche Reduktion auf 1 bis 2 Anwendungen täglich, alles andere beibehalten.

Ein anderes ordnungstherapeutisches Problem im beruflichen Leben ist die **Frustration** durch Arbeitskollegen und Vorgesetzte. Das moderne Management bedient sich unter anderem einer Fülle psychologischer Tricks, um die Produktivität zu steigern und die Produktionskosten zu minimieren. Die Arbeitszeiten werden immer kürzer, die Arbeitspausen als Entspannungsphasen werden, trotz Mahnungen der Arbeitsmediziner, immer mehr reduziert und in der Zeiteinheit muß immer mehr geleistet werden. Einer der Tricks sind Leistungsvergleiche zwischen einzelnen Abteilungen und auch zwischen den einzelnen Mitarbeitern. Die Leistungskurve muß möglichst hoch liegen, und das schlägt sich dann in barer Münze nieder. Was liegt näher, als daß sie durch Leistung anderer, durch geschicktes Operieren, angehoben wird. Der rücksichtslose »Macher« wird mit Ellbogentaktik den Arbeitserfolg anderer für sich in Anspruch nehmen und die bescheidene »Arbeitsbiene« bleibt, eifrig arbeitend, frustriert im Hintergrund.

Sofern es sich um gleichrangige Dienstnehmer handelt, bleibt noch eine Abwehrmöglichkeit, wobei die individuellen Charaktere gewisse Grenzen setzen. Wenn allerdings ein Vorgesetzter seine Untergebenen schamlos ausnützt, um nach oben hin entsprechend glänzen zu können, dann wird die Situation problematisch. Ein Sich-Wehren kann zum Harakiri werden, und vielfach bleibt nur die Resignation. Die Selbstverwirklichung muß dann in andere Bereiche, wie wir es im Abschnitt Freizeit empfehlen, verlagert werden. Im übrigen hat man sich in der Psychologie der Personalwirtschaft dieses Problems schon angenommen. Das, was ursprünglich als Erfolgssteigerung angesehen wurde, nämlich der Druck des Vorgesetzten auf die Untergebenen, bringt lediglich kurzfristige Bilanzverbesserungen. Auf längere Sicht sind frustrierte Mitarbeiter schlechte Mitarbeiter, und zum langfristigen Erfolg muß dem einzelnen die Frustration genommen werden. Dem trägt man besonders in jungen Unternehmen durch Forcierung der Teamarbeit Rechnung.

Noch müssen wir aber nach wie vor in der Ordnungstherapie berufliche Frustration als Störfaktor in Erwägung ziehen und, wenn gefunden, zu beseitigen oder zu kompensieren trachten. Ersteres kann einen gewissen Lernprozeß erfordern. Die Flucht in eine andere Tätigkeit mit einem anderen Umfeld bringt meist nur vorübergehende Entlastung. Es muß vielmehr versucht werden, über den eigenen Schatten zu springen, das heißt, trotz individueller charakterlicher Grenzen seine Verhaltensweisen zu korrigieren versuchen. Frühzeitige Resignation bringt psychische Überforderung und damit Gefahren für das Ordnungssystem. Die erwähnte Kompensation hat in jeder Phase ihren Platz und ist geeignet, den Existenzkampf unbeschadet zu überstehen.

Im Rahmen der zeitlichen Ordnung wurden bereits die Gefahren der **Schichtarbeit** aufgezeigt. Die Statistik belegt signifikant das höhere Krankheitsrisiko, und die Arbeitsmediziner sind um die Verminderung der Gefahren bemüht. Der wöchentliche zeitliche Wechsel des Arbeits-Ruhe-Rhythmus gestattet keine rhythmologische Umstellung, und die berufliche Belastung ist praktisch immer gegen die innere Uhr gerichtet. Auch der noch kürzerfristige Wechsel, wie er zum Beispiel im Krankenpflegedienst üblich ist, bedeutet keine Lösung. Theoretisch dürfte der Wechsel nur sehr langfristig erfolgen, und das ist, wie jedem damit Befaßten klar ist, aus sozialen Gründen nicht möglich.

Die prosperierende Wirtschaft wird auch weiterhin in manchen Bereichen nicht auf Schichtarbeit verzichten können, vor allem wenn es darum geht, investitionsintensive Anlagen optimal auszunützen. Auch öffentliche Dienstleistungsunternehmen (im weitesten Sinne) werden ihre Einsätze nicht auf phasengerechte Zeitabschnitte beschränken können. Es wird also weiterhin notwendig sein, daß Menschen bereit sind, ein gesteigertes Berufsrisiko in Kauf zu nehmen. Von den gesellschaftsbestimmenden Institutionen bleibt zu fordern, daß sie durch ausgleichende Maßnahmen die Gefahrenmomente vermindern und die Einsatzbereitschaft entsprechend honorieren.

Von entscheidender Bedeutung wird aber die Lebensführung des einzelnen Betroffenen sein. Abgesehen davon, daß seine Ruhephasen gegen alle störenden Außeneinflüsse, wie Straßenlärm und dergleichen, abgeschirmt werden sollen, bedarf es ganz besonders gesundheitsorientierter Verhaltensweisen in der Freizeit. Je weniger vermeidbare psychisch-physische Überforderungen hinzukommen, umso eher wird der Schichtarbeiter mit der erzwungenen phasenkonträren Belastung zurechtkommen. Bei den eigenen Patienten, die zum Teil aus der Schwerindustrie kommen, werde ich immer wieder mit dieser Problematik konfrontiert. Die Empfehlungen orientieren sich nach den Prinzipien der Lebensordnung.

Ergänzt werden sie durch die Kneippsche Hydro- und Bewegungstherapie und den Kneippschen Ernährungsgrundsätzen. Ohne Überheblichkeit, aber doch mit einem gewissen Stolz, dürfen wir als Vertreter der Kneipptherapie festhalten, daß das System, das Sebastian Kneipp am Beginn des Industriezeitalters inaugurierte und das von mehreren Ärztegenerationen seither weiterentwickelt wurde, bestens geeignet ist, um berufsbedingte Eingriffe in die zeitliche Ordnung ohne nachteilige Folgen bewältigen zu können! Das bedeutet keinen Gesundheitsfanatismus und vor allem keine Minderung der Lebensqualität. Im Gegenteil – diejenigen Schichtarbeiter, die wir auf den von uns vorgezeichneten Weg führen können, geben sehr bald eine wesentliche Verbesserung der Bewältigung ihrer beruflichen Probleme an.

Sinnvoll erscheinen uns prophylaktische Kneippkuren, da sie zu einer gesundheitsbewußten Lebensführung im Alltag überleiten können. Seitens der Sozialversicherungen sollte man sich Gedanken darüber machen. Durch Schichtarbeit einmal entstandene Störungen im Ordnungsgefüge, mit oder ohne organische Erkrankungen, bedürfen in der Regel der ärztlichen Lenkung. Zumindest die ersten Schritte sollten unter der Anleitung eines Arztes erfolgen.

Dies gilt in gleichem Maße bei beruflicher Überforderung auf sensorischem Gebiet, bei Überlastungen der Sinnesorgane. Bekannt sind die Schäden, die durch ständige Lärmeinwirkung am Gehörorgan auftreten können. Auch Überforderungen der Augen und des Geruchsorgans, wie Arbeiten bei grellem Kunstlicht oder am Bildschirm oder bei Geruchsbelastung durch Lösungsmittel und dergleichen. Alle diese besonderen beruflichen Expositionen können nach dem eingangs skizzierten Mechanismus zu funktionellen Störungen und zu krankhaften Organ-Veränderungen führen und erfordern Gegenmaßnahmen, vor allem seitens der Arbeitsbedingungen.

Beruf

+	–
Optimale Ausbildung	Erzwungene Berufswahl
Optimale Weiterbildung	Mangelhafte Ausbildung
Sorgfältige Berufswahl	Fehlende Kreativitätsmöglichkeiten
Kreativität	Ungeliebter Job
Erfolgserlebnis	Mangelhafte Flexibilität
Kompensation mangelnder beruflicher Selbstverwirklichung in der Freizeit	Zu hoch gelegte Latte
Beachtung eigener Grenzen	Frustration durch Vorgesetzte und Kollegen
Zufriedenheit in der erarbeiteten Position	Schichtarbeit – überzogenes Besitzstreben

Therapieplan für Schichtarbeiter / Morgenschicht

HYDROTHERAPIE				
	früh	**vormittags**	**nachmittags**	**abends**
Mo	Schenkelguß			Wassertreten
Di	Oberkörper-waschung		Vollbad mit Fichte	Wassertreten
Mi	Schenkelguß			Wassertreten
Do	Oberkörper-waschung			Wassertreten
Fr	Schenkelguß		Vollbad mit Fichte	Wassertreten
Sa		Vollbad mit Rosmarin		Wassertreten
So				

PHYTOTHERAPIE
Von Fall zu Fall verschieden.

BEWEGUNG
Nachmittags 1 Stunde wandern, mit dem Rad fahren oder sonstigen Sport. Kleiner Abendspaziergang nach dem Abendessen. Am Wochenende Wanderung oder Fahrt mit dem Fahrrad.

ERNÄHRUNG
Ausgeglichene Vollwerternährung mit der Belastung entsprechender Kalorienzufuhr. Abendessen mit der Familie, nicht zu spät.

ORDNUNGSTHERAPIE
Kein Nikotin oder weitgehend reduzieren. Alkohol in geringen Mengen auf den Tag verteilt. Kaffee auf zwei- bis maximal drei Tassen pro Tag beschränken. Bei Hitzearbeit keinen Alkohol als Flüssigkeitsersatz, sondern gesalzenen Kräutertee.

Die Frühanwendung nur bei morgendlichen Anlaufschwierigkeiten.

Therapieplan für Schichtarbeiter / Nachmittagsschicht

HYDROTHERAPIE				
	früh	**vormittags**	**nachmittags**	**abends**
Mo	Schenkelguß			nach der Schicht Wassertreten
Di	Trockenbürstung			Wassertreten
Mi	Schenkelguß			Wassertreten
Do	Trockenbürstung			Wassertreten
Fr	Schenkelguß			Wassertreten
Sa		Vollbad mit Rosmarin		Wassertreten
So				

PHYTOTHERAPIE
Von Fall zu Fall verschieden.

BEWEGUNG
Vormittags Radfahrt oder Fußmarsch. Am Wochenende Wanderung oder Fahrt mit dem Fahrrad.

ERNÄHRUNG
Ausgeglichene Vollwerternährung mit der Belastung entsprechender Kalorienzufuhr. Frühstück mit der Familie und wenn möglich auch das Mittagessen.

ORDNUNGSTHERAPIE
Wie bei Frühschicht.

Therapieplan für Schichtarbeiter / Nachtschicht

HYDROTHERAPIE				
	früh	**vormittags**	**nachmittags**	**abends**
Mo	vor dem zu Bett gehen Armbad mit Baldrian		Vollbad mit Fichte	Schenkelguß
Di	Knieguß			Wassertreten
Mi	Armbad mit Baldrian		Vollbad mit Fichte	Schenkelguß
Do	Knieguß			Wassertreten
Fr	Armbad mit Baldrian			Schenkelguß
Sa		Vollbad mit Rosmarin		
So				

PHYTOTHERAPIE
Von Fall zu Fall verschieden.

BEWEGUNG
Gegen Abend Spaziergang. Am Wochenende Wanderung oder Fahrt mit Fahrrad.

ERNÄHRUNG
Eher bescheidenes Frühstück. Hauptmahlzeit am frühen Abend.

ORDNUNGSTHERAPIE
Wie bei Frühschicht.

Das Leben gegen die Krankheit (Behinderung)

Bei den bisher geschilderten Krankheitsbildern aus der Praxis stehen funktionelle Störungen im Vordergrund, und daher sind sie der Ordnungstherapie besonders zugängig. Lediglich in der Krankengeschichte eines Herzinfarktpatienten werden bereits die Schwierigkeiten, die sich aus einer gravierenden Krankheit ergeben, angezogen. Sie entstehen aus der erschwerten sozialen Wiedereingliederung, das heißt aus der schwierigen Wiederaufnahme der beruflichen Tätigkeit und der fraglichen Wiedereinnahme der vorher innegehabten gesellschaftlichen Stellung. Zudem bedrücken auch finanzielle Verpflichtungen, wie die Ausbildung minderjähriger Kinder, Einhaltung eingegangener längerfristiger Zahlungsverpflichtungen usw.

Zur Wiederherstellung nach Herzinfarkt und bei Erkrankungen des Bewegungsapparates gibt es bestens ausgestattete Rehabilitationsanstalten. Sie vermögen wertvolle Hilfe in allen Bereichen zu erbringen, wenngleich die statistisch belegbaren Gesamterfolge nicht den ursprünglichen Erwartungen entsprechen. Darüber hinaus gibt es aber verschiedenste Erkrankungen und Behinderungen, wo der Patient keine zielgerichtete Hilfe angeboten bekommt und mit den Folgen seiner Krankheit selbst fertig werden muß.

Viele Menschen stehen also, abgesehen von den eigentlichen therapeutischen Notwendigkeiten, vor dem Problem, trotz ihrer eingeschränkten Möglichkeiten, eine ihren Vorstellungen entsprechende soziale Position, in beruflicher und privater Hinsicht, erarbeiten zu müssen. Kneippsche Ordnungstherapie will und kann dabei helfen, da unbewältigte chronische Behinderungen und Befindensstörungen ihrerseits, wie in der Einleitung erwähnt, zu psychovegetativen Entgleisungen führen können.

Behinderungen, in welcher Form immer, erzwingen meistens bei der Ausübung des vordem innegehabten Berufes eine Einschränkung oder machen überhaupt einen Berufswechsel notwendig. Beides erfordert eine richtige Einstellung mit der Akzeptanz des damit verbundenen Verzichtes auf frühere, unter den geänderten Bedingungen nicht mehr erreichbare Zielsetzungen. Ein verständnisvoller, hilfsbereiter Partner, die Familie oder hilfsbereite Hände aus dem Freundeskreis, erleichtern die Bemühungen. Sie fördern die menschliche Seite, und von öffentlichen Institutionen darf auch Hilfe zur Überwindung bürokratischer Schwierigkeiten erwartet werden. Die eigentliche Bewältigung muß aber vom Belasteten selbst vollzogen werden!

Er muß sich von vier Leitmotiven, die den richtigen Weg formen, leiten lassen. Erstrangig ist die **Bescheidenheit,** die an sich in unserer Leistungs- und Konsumgesellschaft keinen Platz zu haben scheint. Sie zählt zu den urchristlichen Prinzipien und kann wirkungsvollste Lebenshilfe bringen. Die nicht immer humanen gesellschaftlichen Normen sind willkürlich von Menschenhand und Menschengeist geschaffen. Sie spiegeln den zivilisatorischen Entwicklungsstand, von dem wir alle wissen, daß er sich durch technische Errungenschaften und dergleichen meilenweit von ethischen Grundwerten, die die Masse der Menschen erst am Ende ihres Lebensweges zu erkennen vermag, entfernt.

Menschen, die sich den willkürlichen Zwängen widersetzen und in Bescheidenheit nach ideellen Werten suchen, werden abwertend als **Aussteiger** bezeichnet. Sie scheren zumeist freiwillig aus den allgemein eingefahrenen Geleisen aus und wollen ihrem Leben einen beständigeren, tieferen Inhalt geben. Ein Grundkonzept, dem wir als »Ordnungstherapeuten« nicht widersprechen können. Es geht aber in vieler Hinsicht an der Realität vorbei und kann nicht zur allgemeingültigen Maxime erhoben werden. Es können nicht alle Menschen den zivilisatorischen Entwicklungen entfliehen und Zurückdrehen oder Ändern ist nicht von einem Tag auf den anderen möglich. Aussteiger beweisen uns aber, daß Geld, Besitz und Macht durchaus verzichtbare Dinge sind!

Der chronisch Kranke oder Behinderte ist vorerst ein erzwungener Aussteiger. Als solcher kann er sich am Beginn des harten Weges sehen und einmal als »Hinausgedrängter« die negativen Seiten unserer materialistischen Welt zu erfassen suchen. Das, was beim ersten Anblick so glitzert, läßt bei näherem Hinsehen, hinter der Fassade so manchen menschlichen Abgrund erkennen. Zunächst Beneidete wird er dann nicht selten den Bedauernswerten zuzählen und »erstrebenswerte« Dinge als verzichtbaren Tand einstufen.

Diese Objektivierung mag helfen, **Zufriedenheit,** das zweite Leitmotiv, zu finden. Der Kranke, der menschliches Leid erfahren hat, der unter Umständen schon das Ende seines Lebensweges vor sich sah, wird sich über einen schönen Morgen, den er erleben darf, freuen. Er wird den Anblick eines kleinen Blümchens am Wegesrand genießen und für jedes freundliche Wort Dankbarkeit empfinden. Und wenn er das nicht kann, muß er sich bemühen, es möglichst rasch zu erlernen. Einmal errungen, ist Zufriedenheit beste Hilfe zu einer erträglichen Lebensqualität und läßt körperliche Schmerzen in den Hintergrund treten.

Bescheidenheit und Zufriedenheit sind auch beste Basis für den notwendigen Neubeginn, der mit **Beharrlichkeit** betrieben werden soll. Gleich wie schwer eine Behinderung ist, darf sich der Betroffene nie passiv in das soziale Fangnetz fallen lassen. Damit reiht er sich selbst nach hinten, während er andererseits durch neue, vielleicht vorsichtig vortastende Schritte sein **»Selbstwertgefühl steigert«.** Erforderlichenfalls muß auch an gänzlich neue berufliche Tätigkeiten beharrlich herangegangen werden. Unsere prosperierende Wirtschaft hat viele Möglichkeiten um behinderte Menschen, die mit Eifer bereit sind ihre verbleibende Leistungsfähigkeit einzubringen, einzugliedern.

Zurück zum ursprünglichen Gedanken an das »Aussteigen«, soll das nicht heißen, wieder voll in den brutalen Alltag mit all seinen Intrigen und zwischenmenschlichen Querelen einzusteigen. Das durchgemachte zeitweilige Außenstehen soll eine bleibende Läuterung bringen, die die ganze Umwelt in einem anderen Licht erscheinen läßt. **Bescheidenheit** soll keinen Neid am Mehrbesitz des Nachbarn aufkommen lassen. **Zufriedenheit** wird Freude auch an kleinen Dingen bringen. **Beharrlichkeit** wird zur Anerkennung durch die Umgebung führen und eine **Steigerung des Selbstwertgefühls** bewirken.

Mit diesen vier Leitmotiven kann der chronisch Kranke oder Behinderte ein Leben gegen die Krankheit, ein Leben mit gehobener Qualität führen!

Aus der Praxis

Ein 41jähriger Mann, verheiratet und Vater zweier Kinder im schulpflichtigen Alter, bleibt nach einem schweren Verkehrsunfall an beiden Beinen gelähmt und ist seither an den Rollstuhl gebunden. Bis zu seinem Unfall war er als Monteur bei einem Maschinenbau-Unternehmen tätig. Durch ständige Auslandseinsätze in arabischen Ländern hatte er ein überdurchschnittliches Einkommen. So ist er Besitzer eines schönen Eigenheimes und fuhr einen offenbar zu schnellen Wagen.

Da er in seinem Beruf nicht mehr arbeiten konnte, bekam er eine im Verhältnis zu seinem früheren Einkommen sehr bescheidene Rente zugesprochen. Durch die Verletzung und nachfolgende Behinderung, aber auch durch die eingeschränkten finanziellen Möglichkeiten, war der frühere Lebensstil nicht mehr möglich. Nach Überwindung der ärgsten gesundheitlichen Not haderte er mit seinem Schicksal. Mehrere Gespräche führten zu einem Überdenken seiner Situation und brachten ihn auf den oben skizzierten Weg. Allmählich begann er sich über seine neue Tätigkeit Gedanken zu machen und entschloß sich für einen Fernkurs über Buchhaltung. Inzwischen hat er diese Ausbildung, einschließlich der Arbeit am Computer, erfolgreich abgeschlossen und arbeitet vorerst halbtags als Buchhalter. Jetzt spricht er bereits mit einem erhöhten Selbstwertgefühl von einem künftigen ganztägigen Einsatz.

Trotz der Behinderung will er ein vollwertiges Mitglied der Gesellschaft sein!

Freizeit

Den unselbständig Tätigen im EG-Bereich steht ein relativ großer Freiraum zur eigenen Verfügung. Wenn wir die derzeitige reale Arbeitszeit mit 37 Stunden pro Woche (bald werden es weniger sein), den Weg zur und von der Arbeitsstätte mit 10 Stunden und die durchschnittliche Schlafenszeit mit 56 Stunden ansetzen, verbleiben als Freizeit 65 Stunden pro Woche. Das sind rund 38 % von insgesamt 168 Wochenstunden. Selbst wenn auch noch die Essenszeiten, Einkäufe und Familienpflichten abgezogen werden, verbleibt ein großer Zeitraum, den wir nach eigenem Ermessen gestalten können. Ihn gesundheitsbewußt zu nutzen dient der Erhaltung der Leistungsbereitschaft und schützt vor den Gefahren der Zivilisation.

Allen Lebewesen dieser Erde, von wenigen Kuriositäten abgesehen, weist der Erhaltungstrieb instinktiv den richtigen Weg. Den Menschen, die diesen Urinstinkt verloren haben, ist es vorbehalten, durch kritische Beurteilung verschiedener Möglichkeiten den richtigen Weg suchen zu müssen. Ihn zu finden wird an sich sehr schwer gemacht, da eine gewaltige Freizeitindustrie Rezepte anbietet, die meist mehr von geschäfltichen Interessen denn von individuellen Bedürfnissen bestimmt sind. Das soll nicht heißen, daß nicht auch viele positive Angebote unterbreitet werden. Leider ist der Werbeaufwand recht unterschiedlich und macht eine kritische Auslese schwierig. Daher soll sie nicht nach Modetrends und oberflächlicher Genußsucht, sondern mit Sorgfalt nach Zweckmäßigkeit und sinnvoller Eignung erfolgen.

Fünf Gesichtspunkte sollten bestimmend sein. Vorrangig hat die Gesundheit zu stehen. In ihr sind alle angeführten positiven Lebensordnungsprinzipien einzuschließen. An zweiter Stelle folgt die Kompensation beruflicher Über- oder Unterforderung. Weiters sind es Bildung zur Hebung des inneren Selbstwertgefühles und Weiterbildung einschließlich politischer Tagesinformation, um sich beruflich durchsetzen zu können. Letztlich bleibt die Pflege von Hobbies und die Beschäftigung mit Dingen, die durch Ablenkung Entspannung bringen. Freizeit ist Zeit zur **Gesundheit!** Das soll heißen, daß wir in diesen Stunden all das pflegen und ausüben, was unserem Wohlbefinden dienlich ist, somit Training von Körper und Geist, Entspannung zur Regeneration und Pflege aufbauender Gemeinschaften, in einer nicht minutiös geplanten, sondern locker gestalteten Freizeit.

Die Vorschläge zum **Ausgleich beruflicher Belastungen** ergeben sich aus den im vorigen Abschnitt dargelegten arbeitsbedingten Störfaktoren innerer Ordnung. Bei mangelhafter körperlicher Tätigkeit und hoher psychischer Anspannung, wie dies wohl für die meisten Menschen im Arbeitsleben unserer Zeit zutreffen wird, soll in den freien Stunden für aussreichende entspannende Bewegung gesorgt werden. Gehen, Wandern, Laufen, Radfahren, Schwimmen zählen zu den zu bevorzugenden Ausdauersportarten. Sie sollen regelmäßig betrieben und nicht von Zeit und Leistung bestimmt werden. Freude an der Bewegung soll mit der Gemeinsamkeit mit lieben Menschen und dem Erleben positiver Dinge der Umwelt verbunden werden. Der tägliche Spaziergang, der tägliche Lauf oder die tägliche Fahrt mit dem Rad, können ruhig einmal unterbrochen werden, um sich an einer schönen Blume oder an einem netten Strauch zu ergötzen. Es können durchaus ein paar nette Worte mit zufällig des Weges kommenden Bekannten oder auch Unbekannten eingestreut werden. Es dürfen auch kurze Pausen eingelegt werden, um etwas rumzuschauen oder rumzuhören. Bewegung soll nicht nur körperlichen, sondern auch psychischen Gewinn bringen. Das gilt ganz besonders für weitere Touren am Wochenende (nicht mit dem Auto, sondern mit eigener Muskelkraft!), wo körperliche Tätigkeit mit Pflege der Familienzusammengehörigkeit, Naturerlebnissen usw. zu verbinden ist.

Ein Wort noch zu den heute so viel gepriesenen diversen Sportarten. Sie sind in der Gesamtheit niedriger einzuschätzen als die vorhin genannten Formen des Ausdauertrainings. Insbesondere wird ihr Wert für den gestreßten Zeitgenossen durch Kampfinhalte mit entsprechender Spannung gemindert. Z. B. ist Tennis, wenn es nicht in der Halle gespielt wird, Bewegung in frischer Luft mit mehr oder weniger günstiger Wirkung auf Herz und Kreislauf und eher ungünstiger Belastung des Bewegungsapparates. Mit guten Freunden ohne unangebrachten Ehrgeiz betrieben, läßt sich einiges an gesundheitlichem Wert herausholen. Im tierisch ernsten Wettkampf wird es zur harten Arbeit und erfüllt nicht die oben gestellten Forderungen. Das gleiche gilt für Tischtennis, Golf, Leichtathletik und dergleichen.

Neben der körperlichen Minder- und psychischen Überbelastung sind die meisten Berufe durch Überforderung der Sinnesorgane gekennzeichnet. Dementsprechend muß das Freizeitmilieu und die Freizeitbeschäftigung ausgewählt und gestaltet werden.

Berufliche Lärmüberflutung soll durch Ruhe ausgeglichen werden, und Bildschirmarbeit soll nicht in der Freizeit vor der Flimmerkiste ihre Fortsetzung finden. Zur Kompensation von Selbstverwirklichungsmangel und

Frustration im Arbeitsleben muß man dringend zu einem kreativen Hobby raten. Es soll nach den persönlichen Neigungen, eventuellen Geschicklichkeiten und gegebenen Möglichkeiten ausgewählt werden. Die Palette reicht von kreativen handwerklichen Arbeiten über mannigfaltige Bildungsinhalte bis zum Sammeln verschiedenster Objekte. Der persönlichen Phantasie sind keine Grenzen gesetzt, wenn das gewünschte Ziel nicht aus dem Auge verloren wird. An dieser Stelle wollen wir darauf hinweisen, daß auch die »Nur-Hausfrauen« oder der »Nur-Hausmann« miteinzubeziehen sind. Sie leiden nicht selten unter ihrer wenig bedankten, aber meist sehr aufreibenden Tätigkeit. Ihnen muß man, wie den freiberuflich Tätigen, dringend zu einer zeitlichen Begrenzung ihres beruflichen Einsatzes raten. Für beide Gruppen gilt das Abschalten von Problemen, wenn Kraft für neuen Einsatz getankt werden soll. Das Mitschleppen in den Freiraum verhindert notwendige Entspannung und wird früher oder später zu einer Störung des Ordnungsgefüges und damit zur Gefährdung des beruflichen Erfolges beziehungsweise der familiären Geborgenheit führen.

Der Freiberufler wird seine Hobbies sehr häufig mit der beruflichen Tätigkeit in Verbindung bringen und wird nicht selten die außerberuflichen Kontakte nach den beruflichen Erfordernissen ausrichten. Daher ist es ganz besonders wichtig, daß er sich neben ausgleichender sportlicher Betätigung jener Entspannungsmethoden bedient, die wir unten vorstellen.

Die üblichen **entspannenden Beschäftigungen** werden in ihrer Wirkung individuell recht unterschiedlich eingeschätzt. Sicherlich ist der Effekt von persönlichen Neigungen und Präferenzen abhängig. Man begegnet als Arzt gelegentlich grotesken Vorstellungen. So hört man immer wieder, daß manche Menschen glauben, am Steuer eines Fahrzeuges entspannen zu können. Dem muß man natürlich widersprechen, da man mit laufend registrierbaren Parametern während der Fahrt die Belastung des Gehirns, des Herzens und des Kreislaufs nachweisen kann. Also gesteigerte Organfunktionen, die der Entspannung entgegengesetzt sind. Das Fernsehen wollen wir im Gegensatz dazu nicht nach einer Richtung katalogisieren. Sicherlich bringt es eine meist unterschätzte optische Belastung, doch können vom Inhalt her sehr positive Einflüsse ausgehen. Dies gilt besonders bei Programmen, die den persönlichen Neigungen entsprechen und die nicht nur passiv konsumiert, sondern eventuell auch im engsten Kreise diskutiert werden. Bei gestörtem Ordnungsgefüge neigen wir eher vom Fernsehen abzuraten und statt dessen einem guten Buch oder einem netten, aufbauenden Gespräch mit lieben Menschen den Vorzug zu geben. Bei letzterem hat allerdings die eigene Krankengeschichte keinen Platz, da dies der gewollten Entspannung hinderlich sein würde.

Völlig anders, das heißt weitgehend negativ, ist das Fernsehen bei ordnungsgestörten Kindern zu beurteilen. Bei ihnen hören wir in der Anamnese immer wieder von übertriebenem Fernsehkonsum. Es hat somit wesentliche ursächliche Bedeutung und muß zur Therapie ausgeschaltet oder weitgehend reduziert werden. Vor allem muß es als Ersatz für mangelhafte elterliche Zuwendung strikte abgelehnt werden.

Abschließend wollen wir nochmals darauf hinweisen, daß Weiterbildung nur beschränkt betrieblich angeboten wird. Diejenigen, die nicht in dieser glücklichen Lage sind, sollten, auch wenn keine unmittelbare Notwendigkeit vorliegt, nach geeigneten **Weiterbildungsangeboten** suchen. Erreichtes Wissen und Können sichert Erfolg, hebt das Ansehen und fördert das Selbstwertgefühl. Alles Dinge, die wir als wesentliche ordnungsfördernde Momente angesprochen haben.

Erfolgreiche Freizeit kann also nicht selbständigen Mechanismen überlassen werden, sondern bedarf einer sorgfältigen Planung, da uns denkenden Menschen der Instinkt verlorengegangen ist. Richtig genützt bringt sie uns Gesundheit, schützt uns vor Gefahren und führt zu einem erfüllten Leben.

Freizeit

+	–
Leitmotiv »Gesundheit«	Unkritische Auswahl der Freizeitangebote
Ausgleich beruflicher Überforderung	Ehrgeizige Selbstverwirklichung
Pflege von Hobbies	Kampfsport statt Entspannung
Kreativität	Pflege wenig wertvoller Kontakte
Aufbauende Erlebnisse	»Saufgelage« statt Sport
Pflege sozialer Kommunikation	Sozialprestige der Erholung vorziehen

Soziale Kommunikation

Im Lebenskreis Familie wurden die fundamentalen Regeln der Kommunikation in der kleinsten sozialen Einheit dargelegt. Soziale Kommunikation darf aber nicht allein hinter der Eingangstür bleiben. Sie soll auch nach außen dringen. Die zivilisatorische Entwicklung gibt uns die Möglichkeit, große Entfernungen rasch zu überwinden. Sie hat uns aber gleichzeitig den Gang zum Nachbarn verschlossen.

Die Massenmedien bringen das Tagesgeschehen ins Haus und darüber vergißt man, daß zwischenmenschliche Kontakte nicht nur informativen Wert haben. Dies wird spätestens deutlich, wenn nachbarliche Hilfe zur Bewältigung von Schwierigkeiten notwendig wäre. Bei der häufigen räumlichen Trennung der Familienmitglieder auf Grund verschiedener Umstände, können gut nachbarliche Kontakte Ersatzfunktionen ausüben.

In abgeschiedenen ländlichen Regionen, besonders in gebirgigen Gegenden, und vor allem im Osten Österreichs, können wir noch beobachten, wie es die Generationen vor uns handhabten. Dort ist es noch üblich, daß sich Alt und Alt und Jung und Jung, oder auch Alt und Jung nach getaner Arbeit, gelegentlich auch bei einem Glas Bier oder Wein trifft, um zwanglos über alle möglichen wichtigen und unwichtigen Dinge zu sprechen. Diesen Menschen ist nachbarliche Verbundenheit in allen Lebenslagen Selbstverständlichkeit.

Freudige Feste, wie Hochzeiten, werden gemeinsam gefeiert und traurige Ereignisse, wie der Heimgang eines Mitbürgers, werden gemeinsam getragen. Ein tägliches Zusammensein und ein Zusammenleben, das man nicht in unseren Alltag transformieren kann. Es soll nur zeigen, daß die rechtzeitige Pflege guter Nachbarschaft einen wesentlichen ordnenden Faktor darstellt und die die Ordnung so vieler Zeitgenossen gefährdende Einsamkeit überwinden helfen kann.

Daher unsere Empfehlung: Wenn man seine Nachbarn sieht, soll man es nicht bei einem Routinegruß bewenden lassen. Ein paar persönliche Worte werden eine erste Brücke schlagen und unaufdringliche weitere Kontakte einleiten. Selbstverständlich müssen auch diese Verbindungen von einem gegenseitigen Verständnis, von Rücksichtnahme und von Konzilianz geprägt sein.

Aus der Praxis:

Eine 65-jährige Patientin hatte vor 1 1/2 Jahren ihren Mann verloren, mit dem sie bis dahin ein für sie inhaltsreiches, aber völlig abgeschlossenes Leben führte. Der Sohn arbeitet als Weltraumtechniker in der NASA in den Vereinigten Staaten und die Tochter lebt, verheiratet mit einem Franzosen, in Frankreich. Nach dem Tode des Partners war sie mehrere Wochen bei den Kindern, zuerst in Frankreich, dann in den USA. Für die Einladung, ständig zu bleiben, konnte sie sich schon allein aus sprachlichen Gründen weder da noch dort entschließen. Wieder nach Hause zurückgekehrt, gab es zuerst noch häufig Telefonate mit den Jungen, doch allmählich wurden sie immer seltener.

Die Frau konnte sich in ihrer Einsamkeit nicht zurechtfinden. Ihre Einkäufe besorgte sie im unpersönlichen Supermarkt, nachdem es den kleinen »Kaufmann um die Ecke«, mit dem man noch etwas plaudern konnte, nicht mehr gab. So blieb der immer häufigere Gang zum Arzt, dem einzelne Wehwehchen sehr ausführlich dargelegt wurden.

Diese waren insgesamt sehr unbedeutend und hatten keine wesentliche organische Ursache. Im weiteren auf ihre Lebenssituation angesprochen, berichtet sie sofort von ihrer grenzenlosen Einsamkeit. Sie hätte niemanden, mit dem sie sprechen könnte und würde nur ständig auf Kontakte mit ihren Kindern warten.

Die Nachbarn kenne sie wohl dem Namen nach, aber sonst hätte sie mit diesen Leuten nie Verbindungen gepflogen. Ich versuchte, der Patientin beim Aufbrechen der Abkapselung behilflich zu sein. Heute, 5 Monate nach der ersten Beratung, ist ihre Situation völlig anders. Mit einer auch allein lebenden älteren Dame plant sie längere Reisen und trifft sich mit ihr gelegentlich zum Kaffee.

Einmal wöchentlich besucht sie mit ihr einen Seniorenclub, um dort einige nette Stunden zu verbringen. Vor wenigen Wochen hat sie bei einem Spaziergang im nahegelegenen Park eine junge Mutti mit zwei reizenden kleinen Kindern im Kindergartenalter kennengelernt. Die teilzeitbeschäftigte junge Frau hat ihr ihre zeitlichen Probleme dargelegt. Jetzt entlastet sie sie und holt bei Schönwetter die Kinder zu einem Parkbesuch. Diese haben inzwischen die »Reserve-Omi« sehr lieb gewonnen, nachdem ihre eigenen Omis weit entfernt wohnen.

Die neu geformte Lebenssituation ist durch einen jüngst erfolgten Ausspruch der Patientin am besten charakterisiert. »Es macht mir wieder Freude zu leben, ich bin nicht mehr allein und wenn ich Hilfe benötige, werde ich sie sicher bekommen!«

Dieses Paradebeispiel wird nicht immer zu realisieren sein. Sicherlich haben hier eine Reihe günstiger Momente mitgespielt. Es soll aber zeigen, daß gute nachbarliche Kontakte — nicht jene, die vor dem Richter ausgetragen werden — in schwierigen Situationen eine wertvolle Lebenshilfe sein können. Ordnungstherapie im besten Sinne ist damit zu betreiben!

Soziale Kommunikation reicht aber noch in wesentlich weitere Bereiche und hat vielerlei ordnungstherapeutische Bedeutung. Dazu zählen die zwischenmenschlichen Beziehungen mit Arbeitskollegen oder Mitarbeitern und das Engagement in Vereinen oder caritativen Organisationen.

Im Lebenskreis Beruf haben wir von den beruflichen Spannungen in der Leistungsgesellschaft und ihren negativen Auswirkungen auf die Lebensordnung gesprochen. Freundschaftliche Kontakte in gelockerter Atmosphäre, wo man sich menschlich etwas näherkommen kann, sind in der Regel geeignet ein gewisses Maß an gegenseitigem Verständnis aufzubauen. Bei entsprechender Bereitschaft können Spannungsmomente aus dem Arbeitsleben entschärft werden. Wenn man auf derartige Kontakte unter dem Motto »Ich will von diesen üblen Burschen in meiner Freizeit nichts wissen« verzichtet, können berufliche Auseinandersetzungen eskalieren und zu einem beträchtlichen Störfaktor für das Ordnungsgefüge werden.

Diese sozialen Kommunikationen dienen persönlichen Verbindungen. Ihnen können wir jene, die um einer Sache willen, freilich mit viel persönlichem Inhalt, gepflogen werden, gegenüberstellen. Es sind dies Betätigungen in Vereinen mit verschiedenster Zielsetzung. Herausgreifen will ich — man möge es mir verzeihen — die freiwillige Übernahme von Aufgaben in den Kneipp-Ortsvereinen und in der hierarchischen Struktur der Kneippbewegung. Obwohl Vereinscharakter, geht das Bewahren und die Pflege der Lehre Sebastian Kneipps weit über eine Vereinszielsetzung hinaus. Es ist die Erfüllung einer bedeutenden gesundheitspolitischen Aufgabe, die im modernen Gesundheitswesen immer weitere Bereiche umfaßt. Die moderne Medizin mußte erkennen, daß fachliches Wissen für eine effektvolle Vorbeugung nicht genügt, sondern daß es auch zu den Menschen transportiert werden muß. Motivation und verständliche Interpretation können helfen, Krankheiten zu vermeiden und unter anderem die besorgniserregende Statistik der Zivilisationskrankheiten zu verbessern.

Diesem Ziele nebenberuflich zu dienen, ist trotz aller Probleme, die sich bei jeder Vereinsarbeit ergeben können, eine sehr befriedigende Tätigkeit und bringt alle positiven Aspekte eines Dienstes an der Allgemeinheit.

Es ist durch seinen inneren Wert Pflege der Lebensordnung im besten Sinne. Bei meinen Vorträgen und Besuchen in den Ortsvereinen finde ich das immer wieder bestätigt.

Gleich einzuschätzen sind Tätigkeiten in caritativen Verbänden, die auch eine Bestätigung und gegebenenfalls eine Steigerung des inneren Selbstwertgefühles bringen.

Aus der Praxis:

Eine 65-jährige Patientin, die mir seit Jahrzehnten bekannt ist, und der ich trotz aller Bemühungen früher nie entscheidend helfen konnte, ist seit ihrem Ruhestand (mit 60 Jahren) als Rot-Kreuz-Helferin tätig.

Sie mußte sich bereits in jungen Jahren von ihrem Partner, einem Desperado, trennen und ihren Sohn allein aufziehen. Sie mußte auch allein alle finanziellen Probleme bewältigen, da sie von ihrem geschiedenen Mann keinerlei Unterstützung bekam.

Kurz nach der Trennung kam es zu den ersten vegetativen Entgleisungen mit nachfolgend verschiedenster Symptomatik. Die Frau wechselte auch relativ häufig ihre Arbeitsstätte. Immer wieder durchgeführte Untersuchungen ergaben völlig normale Organbefunde, und leider stießen auch alle ordnungstherapeutischen Versuche ins Leere, beziehungsweise brachten nur vorübergehende Besserung.

Ihren mütterlichen Verpflichtungen ist sie trotz allem vorbildlich gerecht geworden, und aus dem Sohn ist inzwischen ein erfolgreicher Beamter und guter Familienvater geworden.

Seit der Tätigkeit beim Roten Kreuz ist die Patientin völlig ausgeglichen, hat keine der vorbestandenen Beschwerden und berichtet voll Freude von ihrem Dienst am Nächsten. Voll Stolz spricht der Sohn von seiner Mutter, die trotz ihres vorgerückten Alters nicht müde wird, anderen zu helfen.

Die soziale Kommunikation sollte nicht, wie heute üblich, auf »Geschäftspartys« beschränkt bleiben, sondern sollte in unserer Zeit der seelischen Nöte behutsam gepflegt und gegebenenfalls ordnungstherapeutisch eingesetzt werden!

Soziale Kommunikation

+	–
Eröffnung zu Nachbarn und Kollegen	Abkapselung
Hilfe und Gegenhilfe	Voreingenommenheit gegen Kollegen und Nachbarn
Befriedigung durch wertvolle Vereinsarbeit	Vereinsamung
Im Leben stehend bleiben	

Religion

Im ersten Band dieser Reihe wird sehr ausführlich über Religion und deren Bedeutung für eine ausgeglichene Lebensordnung und für die persönliche Standortbestimmung geschrieben. Hier noch einige Ausführungen über praktische ordnungstherapeutische Aspekte. Es ist statistisch nachgewiesen, daß die Abnahme der Religiosität in der Schweiz zu einer Zunahme der Selbstmordrate geführt hat. Wir dürfen auch annehmen, daß die Zahl psychovegetativer Störungen sich umgekehrt zur ständig abnehmenden Religiosität verhält. Das Gebet als Hinwendung zu einer höheren Macht mit allen entlastenden Momenten wird nur mehr von einem kleinen Personenkreis gepflegt, und die Rolle des Beichtvaters muß vom Psychiater oder Psychotherapeuten wahrgenommen werden. Eine Erklärung dafür liegt in den heutigen Gepflogenheiten, alles zu personifizieren, das heißt, den Glauben mit ihren Interpreten gleichzusetzen und die Kompetenz der Hilfestellung in Frage zu stellen. Dies spielt sicherlich in der römisch-katholischen Kirche, aber auch in anderen Glaubensgemeinschaften eine nicht unbedeutende Rolle. Auch religiöser Fanatismus, mit dem zu allen Zeiten die Massen zu Kampf und Mord aufgeputscht und für despotische Zwecke motiviert wurden, widerspricht der Mündigkeit der Bürger der westlichen Zivilisation.

Ein weiterer Grund verdrängter Religiosität dürfte die rasche Erweiterung naturwissenschaftlicher Erkenntnisse sein, die bei wortwörtlicher Auslegung religiöser Schriften manchen scheinbaren Widerspruch ergeben. Fortschrittliche Theologen wissen die Zeichen der Zeit zu verstehen und helfen den Menschen, nicht selten im Streit mit konservativen Dogmatikern, die Hürden des Glaubens zu überwinden.

Der Bedarf an Religiosität wurde schon unterstrichen. Er kann mit verschiedensten Beispielen belegt werden. Die ältere Generation erinnert sich der Zeit nach dem letzten großen Krieg, als Zerstörung und persönliche Verluste großes Leid über die Völker gebracht haben. Damals hat sich die Masse der Menschen, auch wenn sie vorher großteils atheistischen oder nebulosen Ersatzthesen gefolgt war, wieder den Religionsgemeinschaften zugewendet. Sie haben sich der Hilfe durch den Glauben »bedient«, um im Vertrauen auf eine höhere, ordnende Macht aus dem tiefsten Tief herauszukommen. Heute, wo dies alles hinter uns liegt und der allgemeine Wohlstand nur Wenige ausschließt, vergißt man wieder allzu leicht, worauf man einst gebaut hat. Und doch ist unsere Zeit nicht frei von Not, wenngleich die materiellen von den seelischen Nöten und Ängsten abgelöst wurden. Sie sind Inhalt unserer Ordnungstherapie, und wenn wir diese Therapie auch aus dem Blickwinkel des naturwissenschaftlich orientierten Arztes gestalten, dürfen wir nicht vergessen, ehrliche Religiosität in unsere Bemühungen zu integrieren. Ein aufrichtiges Gebet wird gläubigen Menschen eine wesentliche ordnungstherapeutische Hilfe sein. Darüber später noch einiges.

Religion

+	−
Glaube ist Lebenshilfe	Verunsicherung durch Abnahme der Religiosität
Der Gläubige ist nie allein	Glaubensverneinung aus welchen Gründen immer
Schmerz und Leiden werden leichter ertragen	

Ernährung

Für ordnungstherapeutische Zwecke spielt der Inhalt der Nahrung keine über das allgemeine Maß einer ausgeglichen bilanzierten Vollwerternährung hinausgehende Rolle. Das heißt, die Nahrung darf nur jener Energiemenge entsprechen, die benötigt wird und muß alle Stoffe enthalten, die der Körper für seine geordnete Funktion und zum Aufbau seiner Gewebe braucht. Im Rahmen der Ordnungstherapie müssen lediglich Korrekturen angebracht werden, wenn diesem Prinzip nicht Rechnung getragen wurde. Eine speziell ausgerichtete Ernährung ist weder notwendig noch erfolgbringend – entgegen manchen geschäftstüchtigen Anpreisungen!

Entscheidend ist jedoch die Art der Nahrungsaufnahme und hierzu einige Hinweise. Essen erfordert eine gewisse Sorgfalt. Der Aufnahmevorgang beginnt bereits beim Anblick eines anregend gedeckten Tisches. Die Zerkleinerung der Speisen in der Mundhöhle und das Einspeicheln ist maßgebend für den weiteren Verdauungsvorgang. Daher für die Mahlzeiten entsprechend Zeit einplanen und in Ruhe essen! So bringen sie einen gewissen Lustgewinn, der sich auf die Lebensqualität positiv auswirkt.

Die Aufnahme des täglichen Bedarfes soll, den mitteleuropäischen Gepflogenheiten entsprechend, auf drei Mahlzeiten (Frühstück, Mittagessen, Abendessen), eventuell mit zwei kleinen Zwischenmahlzeiten, aufgeteilt werden. Diese Aufteilung ist für den Verdauungsvorgang mit seinem rhythmischen Ablauf entscheidend. Funktionsstörungen des Magen-Darmtraktes haben ihrerseits einen wesentlichen Einfluß auf die geordnete Funktion des vegetativen Systems.

Vor allem die vielfach übliche Einschränkung des Frühstücks oder gänzliche Streichung muß aus ordnungstherapeutischer Sicht abgelehnt werden. In der morgendlichen Anlaufphase (siehe Abschnitt Rhythmologie, Circadianrhythmus) kommen den Geruchs-, aber auch den optischen und geschmacksmäßigen Reizen eine den Leistungspegel im Leistungszentrum anhebende Wirkung zu. Ruhig, ohne Hast und Zeitnot, sich zu Tisch zu setzen, gestattet zudem ein Sammeln für das bevorstehende Tagewerk und vielleicht auch das eine oder andere kurze Gespräch mit den Familienangehörigen – das im Sinne dessen, was wir als positive soziale Kommunikation vorgestellt haben. Wenn wir diese Empfehlung abgeben, hören wir in der Regel, daß die Zeit am Morgen ohnedies immer zu kurz wäre und sich die anderen morgendlichen Verrichtungen nicht einschränken ließen. Wir halten dem entgegen, daß eine nur gering verkürzte Nachtruhe diese Schwierigkeit beheben kann und man sich grundsätzlich zu dieser leistungssteigernden Maßnahme entschließen sollte. Die Umstellungsphase mag einige Wochen dauern, dann wird man diese wenigen Minuten nicht mehr spüren oder eventuell durch früheres Zu-Bett-Gehen kompensieren. Der Gewinn für den kommenden Tag ist wesentlich höher einzuschätzen als einige Minuten zusätzliches »Dösen« am Morgen.

Aus der Praxis:

Eine 42-jährige Büroangestellte, die eher den Nachttypen, den Eulen, zuzuzählen ist, verspürt morgens beim Aufrichten Schwindelgefühl. Es bessert sich, wenn sie in Eile eine Tasse Kaffee leert. Am Morgen wird ihr die Zeit immer zu kurz. Sie kommt nur schwer aus den Federn und versucht, das Aufstehen sehr lange hinauszuzögern. Dann muß alles sehr rasch gehen, denn sie könne es sich nicht leisten, zu spät ins Büro zu kommen. Für ein sorgfältiges Frühstück bleibt meist keine Zeit, da es häufig auch Schwierigkeiten mit den die Oberschule besuchenden Kindern gibt. Alles läuft in Eile ab, damit ihr Gatte, die Kinder und sie selbst rechtzeitig aus dem Hause kommen. Das eher bescheidene Frühstück wird von allen, wenn überhaupt, im Stehen eingenommen. Der Wortwechsel wird in dieser spannungsgeladenen Situation nicht selten heftig geführt. Wenn sie endlich im Büro ist, macht der Kreislauf immer wieder Schwierigkeiten, die sie mit 3 - 4 Tassen Kaffee am Vormittag zu bekämpfen versucht. Dabei gibt es allerdings gelegentlich etwas Herzbeschwerden, die mit einem milden Beruhigungsmittel wieder zurückgehen! Am Nachmittag fühlt sie sich deutlich besser, und am Abend kommt die ganze Hausarbeit auf sie zu. Für eine ausgleichende entspannende Tätigkeit bleibt kein Raum; lediglich abends etwas Fernsehen und dann fällt sie spätabends todmüde ins Bett.

Meine Korrekturvorschläge waren auf abendliche Entspannung, morgendliche Hydro- und Bewegungstherapie mit unbedeutender Kürzung der Nachtruhe um 10 – 15 Minuten, ausgerichtet. Vor allem aber drängte ich auf die prinzipielle Umstellung der morgendlichen Zeiteinteilung mit einem ordentlich gedeckten Frühstückstisch. Ich muß eingestehen, daß die Realisierung sehr lange auf sich warten ließ und anfangs lediglich die Oberkörperwaschungen und die Morgengymnastik gemacht wurden. Allmählich hat sich aber doch der Ritus für die gesamte Familie geändert. Nunmehr wird der Frühstückstisch von den Kindern abwechselnd gedeckt, und die Familie ißt gemeinsam. Anstehende Probleme des kommenden Tages, seien es Schularbeiten der Kinder, Besorgungen usw., werden in Ruhe diskutiert. Die Frau des Hauses hat ihre Schwierigkeiten überwunden, die Kinder schätzen, daß sie am Morgen noch etwas offene Ohren finden, und der Gatte meinte kürzlich, daß ihm jetzt das Aufstehen auch mehr Freude bereite!

Der Mittagstisch wird von den Berufstätigen häufig in Kantinen oder Restaurants eingenommen. Die zur Verfügung stehende Zeit ist in der Regel auf ein Minimum beschränkt. Von gewerkschaftlicher Seite wird leider immer wieder das möglichst frühe Ende der Arbeitszeit am Nachmittag angestrebt. Dies geht auch auf Kosten der Mittagspause. Da noch die Zeit für den Weg zum und vom Essen wegfällt und gelegentlich auf einen freien Platz in der Kantine gewartet werden muß, bleiben für die eigentliche Nahrungsaufnahme oft nur wenige Minuten. Das Essen wird in Eile »hinuntergeschlungen«, und dann wird wieder an den Arbeitsplatz zurückgehetzt. Die Folgen dieses Fehlverhaltens sind Störungen des Magen-Darmtraktes bis hin zur Geschwürsbildung im Magen und Zwölffingerdarm. Dies umso eher, wenn gleichzeitig berufliche Schwierigkeiten zu verkraften sind.

Aus ordnungstherapeutischer Sicht müssen wir daher für das Mittagessen einen angemessenen Freiraum und ein ungestörtes Milieu verlangen. Wo immer möglich, sollte die Mittagspause ausreichend bemessen werden, auch wenn der Feierabend dadurch um eine Viertel- oder halbe Stunde hinausgeschoben wird. Außerdem sollten während des Essens keine hitzigen beruflichen Debatten geführt werden. Unmittelbar danach sollten auch noch einige Minuten der Entspannung bleiben, ehe mit vollem Einsatz weitergearbeitet wird.

Das Abendessen ist für viele Menschen unserer Zeit zur Hauptmahlzeit geworden, da man sich nach getaner Arbeit in Ruhe zu Tisch setzen und sich ungestört den leiblichen Genüssen hingeben kann. An sich eine durchaus verständliche Zeiteinteilung. Es bleibt nur zu bedenken, daß bei zu später und zu ausgiebiger abendlicher Nahrungsaufnahme der Körper nachts mit Verdauungsarbeit überlastet wird und sich dies durch Schlafstörungen auswirken kann. Außerdem besteht die Gefahr, daß man in der endlich eingekehrten Ruhe etwas zu viel des Guten zu sich nimmt und dies früher oder später zu einer unerwünschten Gewichtszunahme führt. Als Empfehlung bleibt: Die Abendmahlzeit spätestens 3 bis 4 Stunden vor dem Zubettgehen ansetzen. Auf die Ausgeglichenheit der Energiebilanz achten und die Probleme des Tages möglichst von sich schieben. Während des Essens keine Zeitung lesen oder nebenbei Nachrichtensendungen im Fernsehen konsumieren. Lieber ein lockeres, munteres Gespräch mit den Angehörigen führen, auch wenn es nach des Tages Turbulenzen unter Umständen nicht leicht fallen mag. Ein kleiner abendlicher Spaziergang im Anschluß fördert die Schlafbereitschaft und letztlich ist ein gutes Buch dem Fernsehen vorzuziehen.

Ernährung

+	–
Vollwerternährung – Basis für Leistung und Wohlbefinden	Fehlernährung führt zu Krankheiten
Regelmäßige, kultivierte Nahrungsaufnahme	Hastiges Essen, unregelmäßiges Essen
Kultiviertes Essen als positive soziale Kommunikation	Aus Eile Streichen von Mahlzeiten
Disziplinierte Nahrungsaufnahme fördert Selbstwertgefühl	Abendliche Überfütterung – ein voller Bauch stört erholsamen Schlaf

Genußgifte

Alkohol wird zu Recht als das meist verwendete Suchtmittel der Welt eingestuft. Trotzdem dürfen wir ihn nicht mit den Suchtmitteln, wie sie gemeiniglich verstanden werden und die unendliches Unheil bringen, gleichsetzen. Es müssen wohl differenzierte Betrachtungen angestellt werden. In erster Linie ist er in den bei uns vorrangigen Darreichungsformen (Wein, Bier, Obstwein) als Genußmittel mit positiven und negativen Auswirkungen zu betrachten. Fanatischer Antialkoholismus wird das Problem niemals lösen, zumal gezügelter Genuß einen durchaus positiven Lustgewinn bedeuten kann. Die Prohibitionsversuche sind alle gescheitert, und religiöse Verbote werden nur von Fanatikern befolgt. Nicht zuletzt stehen auch weltweite Produzenten- und Vermarktungsorganisationen als geballte Wirtschaftsmacht dahinter.

Für Alkohol gelten in ganz besonderem Maße die Paracelsusworte »Erst die Menge macht ihn zum Gift«. Wir können ihn tolerieren, wenn der Genuß im Vordergrund steht, wenn kleine Mengen langsam getrunken werden, mit zunehmender Konzentration die Menge reduziert wird und nie die Kontrolle über die Aufnahme verlorengeht. Vor allem soll es nie zu psychischen Veränderungen (übertriebenen Aufhellungen), die sich auch ohne Trunkenheit einstellen können, kommen, da dies der Weg zur Sucht ist. Wenn psychische Probleme durch Alkohol verdrängt werden, dann ist höchste Alarmstufe!

Kleine Mengen können als hochkalorisches Genußmittel eingestuft werden. Ihre verschiedensten Geschmacksrichtungen sind maßgeblich für den entsprechenden Genuß. Das reicht von den regional außerordentlich unterschiedlichen Weinsorten über verschiedenste Biercharakteristika bis hin zu Likören und verschiedensten Destillaten. Der Alkoholgehalt selbst trägt zum kleineren Teil zur Geschmacks- und damit Genußbildung bei. Wenn dem höhere Beachtung geschenkt wird, dann droht die Gefahr, daß der Weg über die Gewohnheit zur Sucht führt.

Wenn zum Frühstück Tee getrunken wird, kann der Geschmack ohne Bedenken mit einer kleinen Menge Alkohol korrigiert werden. Das Bier zur Zwischenmahlzeit und bei Hitzearbeit, zur Kompensation des Schweißverlustes, ist schon problematischer. Hier liegt nicht selten die Wurzel zu chronischem Alkoholismus mit allen üblen Folgen. Deshalb mahnen wir Bauarbeiter immer wieder, die Berufsehre nicht mit der Bierflasche zu verbinden und begrüßen es, wenn Betriebe mit Hitzearbeit ihren Arbeitern kostenlos alkoholfreie Getränke zur Verfügung stellen.

Junge Menschen, die in derartige Berufe eintreten, sollten von den Eltern vor dieser Gefahr gewarnt werden. Sie sollen nicht glauben, es den Älteren gleichtun zu müssen und sich durch uneingeschränkten Alkoholkonsum entsprechend aufwerten zu können.

Auf dem Mittagstisch kann ruhig ein Gläschen Wein stehen. Vornehmlich trockene Rotweinsorten haben einen verdauungsfördernden Effekt und werden besonders von älteren Menschen als angenehm empfunden. Auch ein Glas Bier ist nicht abzulehnen. Die Mengenbegrenzung sollte aber immer beachtet werden, und außerdem muß die Kalorienzahl bei der Berechnung der Energiebilanz mit eingerechnet werden.

Die Hauptgefahr bezüglich der Störung des Ordnungsgefüges durch Alkohol liegt in der Freizeit. Bei der Pflege der sozialen Kontakte in der Familie, aber auch außerfamiliär, werden sehr gerne »geistige Getränke« mit einbezogen. Das beginnt mit der Flasche Wein, die beim Essen entkorkt wird und genüßlich, im Kreise der Angehörigen, langsam beim Fernsehen getrunken, sicherlich keinen Schaden anrichten wird. Es soll nur bei dieser relativ kleinen Menge sein Bewenden haben. Auch eine abendliche Flasche Bier wird keine nachteiligen Folgen haben; es sei denn, die im Magen frei werdende Kohlensäure macht des Nachts Beschwerden. Ein Schnäpschen ist dem etwa gleichzusetzen.

Wesentlich höher ist die Gefahrenquelle beim Alkoholkonsum im Freundeskreis. Hier wird der Genuß nicht selten zum unkontrollierten Trinken. Zuprosten, Imponiergehabe, »Ein Mann muß trinkfest sein« und was es an derartigen Gepflogenheiten und Motivationen gibt, tragen dazu bei, daß die tolerierbare Alkoholmenge überschritten wird und früher oder später Störungen im Ordnungsbereich auftreten. Ursächlich sind direkter Alkoholeinfluß, alkoholbedingte Organschäden oder Störungen der zwischenmenschlichen Beziehungen, zum Beispiel Vernachlässigung der Familie durch ständige Gasthausbesuche.

Das Gesagte gilt natürlich nicht nur für Männer. Mit der Emanzipation sind auch die Frauen in den Gefahrenkreis des Alkohols getreten. Die Mahnungen des ordnungstherapeutisch wirkenden Kneipparztes gelten für beide Geschlechter, da wir zunehmend alkoholbedingte Störungen des Ordnungsgefüges auch bei Frauen registrieren müssen.

Als therapeutische Empfehlung gilt die Beschränkung auf genüßliches Trinken kleiner Alkoholmengen und das auch nur, wenn keine Vorerkrankung besteht, die jeglichen Genuß ausschließt. Darüber hinausgehende Trinkmengen sind, gleich aus welchem Anlaß sie genossen werden, abzulehnen.

Abschließend wollen wir noch festhalten, daß wir hier nicht das Problem des Alkoholismus als solches behandeln wollten und uns dafür auch nicht in voller Tragweite berufen fühlen. Wir haben lediglich das für die Ordnungstherapie relevante Gelegenheitstrinken herausgegriffen und versucht, positive und negative Seiten für praktische Zwecke kurz darzulegen.

Genußgift – Alkohol

+	–
Kontrollierte Aufnahme in mäßigen Mengen	Unkontrollierte, unbegrenzte Aufnahme
Genüßliches Trinken in kleinen Mengen	Imponiergehabe mit übermäßiger Alkoholzufuhr
Bei vorbestehenden Krankheiten – Abstinenz	Alkohol zum Verdrängen von Problemen
Soziale Kommunikation auch ohne Alkohol	Rauschzustand – echte Sucht – Geselligkeit nur mit Alkohol

Nikotin

Nikotin ist völlig anders zu bewerten als der Alkohol. Hier gibt es keine mengenmäßigen Toleranzgrenzen, sondern lediglich eine gewisse Gefahrenabstufung nach der Menge und der Art des Rauchens. Die Begriffe »Verdauungszigarette« und »Entspannungszigarette« verdeutlichen Effekte, die tatsächlich erreicht werden können. Nach diesen Gesichtspunkten müßten wir sie als positive Ordnungselemente einstufen. Es ist aber die Gefahrenseite höher zu bewerten, und deshalb ist das Zigarettenrauchen ohne Rücksicht auf die Tagesmenge abzulehnen. Es gibt einfach keine Toleranzgrenze, da sie erstens kaum eingehalten wird und unter Umständen auch eine Zigarette Unheil auslösen kann. Die Angebote der Tabakwarenindustrie mit reduziertem Nikotingehalt und angeblich reduzierten Teerstoffen sind bestenfalls geeignet, das eigene Gewissen zu entlasten. Gefahrlose Alternativen sind sie keinesfalls. Es drohen immer Krankheiten, die die Lebensqualität in Frage stellen und die Erfüllung sozialer Pflichten behindern können. Letztlich gebietet auch die Rücksichtnahme auf die sonst zum Mitrauchen gezwungene Umgebung, den blauen Dunst sein zu lassen.

Die Prinzipien der Ordnungstherapie zur Gestaltung eines erfüllten Lebens verpflichten auch die Eltern, die Kinder vor dieser gesundheitlichen Gefahr zu bewahren und sie durch gutes Beispiel auf den richtigen Weg zu führen. Umgekehrt darf nicht erwartet werden, daß ein Kind, das ständig dem Rauch der Eltern ausgesetzt war und womöglich ständig die Zigaretten besorgen mußte, zum Nichtraucher heranwächst.

Aus der Praxis:

Ich habe erst vor wenigen Tagen einen typischen Fall in der Praxis erlebt. Der Vater einer achtzehnjährigen Tochter gab vor ihrem Eintreffen in der Ordination, die sie wegen labiler Kreislaufverhältnisse aufsuchte, die Vorinformation, daß sie sehr viel, in seinen Augen zu viel, rauche.

Das Mädchen besuchte als Kind bei einer bekannten Lehrerin die Pflichtschule. Sie beklagte sich damals immer wieder bei der Lehrerin, daß sie bei den Wochenendfahrten die Luft im von den Eltern verqualmten Auto kaum ertragen könne. Die Pädagogin hat dies immer als typisches Beispiel rücksichtslos rauchender Eltern hingestellt. Jetzt wird der Arzt aufgerufen, ein Problem zu lösen, das von zumindest »unbedachten« Eltern geschaffen wurde.

Das Krankheitsrisiko kann durch Beschränkung auf Paffen und Vermeiden der Inhalation des Rauches reduziert, aber nicht ausgeschaltet werden. Das gilt für das Rauchen von Pfeife oder Zigarren, wobei in der Regel nicht inhaliert wird. Alles in allem müssen wir jeglichen Nikotinkonsum aus der gesicherten Erkenntnis der gesundheitlichen Gefahren ablehnen. Dies entspringt keinem Gesundheitsfanatismus, der den Vertretern der Kneipptherapie gelegentlich nachgesagt wird, sondern dem ordnungstherapeutisch erforderlichen Verantwortungsgefühl gegenüber dem sozialen Umfeld, in dem das Leben ungestört ablaufen soll.

Genußgift – Rauchen

+	–
Nie das Rauchen beginnen	Hebung des Selbstwertgefühls der Jugendlichen durch Rauchen
Wenn einmal begonnen: Menge möglichst reduzieren	Unkontrollierter Nikotinkonsum – die Gefahr wächst mit der Menge
Mit der Gefahr auseinandersetzen	Verdrängen der Gefahr
Medizinische Ratschläge befolgen	Mahnungen in den Wind schlagen
Rücksichtnahme auf die Umgebung	Die Umgebung zum Mitrauchen zwingen

Kaffee

Kaffee ist für viele gehetzte Zeitgenossen das Lebenselixier schlechthin. Die anregende Wirkung erfreut den Gaumen und hilft, Leistungsanforderungen besser bewältigen zu können. Die subjektive Einschätzung deckt sich allerdings nicht immer mit den wissenschaftlichen Erkenntnissen. Der Genuß und wohl auch eingefahrene Gepflogenheiten (z. B. das Kaffeekochen im Büro oder der Gang zum Kaffeeautomaten) verdrängen nicht selten eine vernünftige Mengenbegrenzung. Die Produktwerbung tut ein übriges, um all das, was durch zahllose exakte Untersuchungen gesichert ist, vom Tisch zu schieben. Es ist hier nicht der Platz, um das emotionsgeladene und von beträchtlichen wirtschaftlichen Interessen belastete Problem des Kaffees ausführlich darzulegen. Als Genußmittel ist er aber ein Element der Lebensordnung, und deshalb sollen einige wesentliche Punkte herausgegriffen werden.

Vor allem darf man das Getränk Kaffee nicht mit Koffein gleichsetzen oder darauf reduzieren. Es ist nur ein, wenn auch der dominierende Bestandteil. Daneben sind aber bereits an die 300 Stoffe nachgewiesen worden, und ein Teil ist noch gar nicht bekannt. Sie ergeben in ihrer Gesamtheit den anregenden Effekt, der sich aus Geruchs- und Geschmacksempfindungen und aus der Stoffwechselaktivität ableitet. Die beiden sensorischen Empfindungskomponenten dürfen nicht unterschätzt werden. Wir haben im Rahmen der Ernährung die Bedeutung eines vernünftig gestalteten Frühstücks und die Wirkung von Geruch und Geschmack auf das Leistungszentrum erwähnt. In diesem Rahmen kommt dem Kaffee eine nicht unbedeutende Rolle zu. Selbstverständlich müssen individuelle Neigungen und erlernte Gewohnheiten, aber auch Erkrankungen, die Kaffee verbieten, berücksichtigt werden.

Es soll hier auch nicht der Eindruck entstehen, daß es sich um einen lebensnotwendigen Nahrungsbestandteil handelt. Schließlich kann er sehr wohl durch verschiedene aromatische und damit anregende Tees oder andere Kaffeesorten (z. B. Kneipp-Kaffee) ersetzt werden. Wenn aber keine Organveränderung den Genuß verbietet, und das Verlangen nach Kaffee als Frühstücksgetränk besteht, kann er in vernünftigen Mengen durchaus genossen werden. Die tolerable Menge hängt natürlich mit der Konzentration zusammen. Espressokaffee enthält zum Beispiel rund doppelt so viel Hauptbestandteile wie Filterkaffee. Außerdem ist die

Wirkung von der zugesetzten Milch abhängig und ihr kommt auch bezüglich Verträglichkeit sehr wesentliche Bedeutung zu. Die Wirkstoffe schwarzen Kaffees werden sehr rasch aus dem Darm aufgenommen und gehen in die Blutbahn über. Sie werden dann großteils sehr rasch wieder ausgeschieden, was am Geruch des Harnes sehr leicht nachweisbar ist. Die anregende, nur sehr begrenzt (mehr indirekt als direkt) blutdrucksteigernde Wirkung tritt demnach sehr rasch ein und geht aber auch sehr rasch wieder zurück. Ein Strohfeuer, das bei psycholabilen Patienten zu einem negativ zu bewertenden Erregungszustand umschlagen kann. Durch den Milchzusatz wird die Aufnahme in die Blutbahn verzögert und die Wirkungsdauer verlängert. Wenn eine Empfindlichkeit gegen Kaffee besteht und der Verzicht auf ihn zu schwer fällt, sollte nur Filterkaffee mit reichlich Milchzusatz (maßgeblich ist das Milcheiweiß) genossen werden.

Die verschiedenen vorbehandelten Kaffeesorten sind von einzelnen Stoffen befreit, beziehungsweise ist ihr Gehalt auf ein Minimum reduziert. Die unter der Bezeichnung »coffeinfrei« in den Handel kommenden Marken sind nicht vollkommen entcoffeinisiert, haben aber einen sehr geringen Coffeingehalt. Damit wird die anregende Wirkung, die allerdings nicht allein vom Coffein, sondern auch von anderen Inhaltsstoffen abhängig ist, wesentlich gemildert und auch die Verträglichkeit bei Gallenerkrankungen usw. verbessert. Beim magenschonenden Kaffee werden vor allem Röststoffe, die die Magen-Darmschleimhaut reizen, entfernt. So können auch magenempfindliche Menschen zum Kaffeegenuß kommen. Wenn allerdings eine Neigung zur Geschwürsbildung besteht, muß auch dieser vorbehandelte Kaffee abgelehnt werden. Die Kaffeebereitung mit anderen gerösteten Sorten vermeidet Coffein, während Röststoffe enthalten sind, die unter Umständen die Verträglichkeit reduzieren. Ausgesprochen gut verträglich ist der Kneippkaffee, der aus gerösteter, angekeimter Gerste hergestellt wird. Er ist reich an wertvollen Stoffen, fördert den normalen Verdauungsvorgang, hat eine entspannende Wirkung und schmeckt zudem gut. Wir halten ihn vor allem für Kinder, denen man wegen zu stürmischer Reaktion coffeinhaltigen Kaffee besser nicht anbieten soll, bestens geeignet.

Abschließend noch ein Wort über tolerable Tagesmengen. Wir sagten schon, daß die verschiedenen Zubereitungsformen verschiedene Konzentrationen ergeben und die individuelle Verträglichkeit sehr unterschiedlich sein kann. Eingedenk dieser Variablen halten wir die obere Begrenzung mit 3 Tassen Filterkaffee (1 Eßlöffel gemahlenen Kaffee pro Tasse) für angebracht. Sie dürfen nicht auf einmal genossen, sondern sollen aufgeteilt zum Frühstück, nach dem Mittagessen und zur nachmittäglichen Zwischenmahlzeit getrunken werden. Da der Kaffee in der Regel die Schlafbereitschaft stört, sollte er mehrere Stunden vor dem Zu-Bett-Gehen gemieden werden. Es gibt aber auch Menschen, die ihn abends trinken können und bei denen er eher eine schlaffördernde Wirkung entwickelt. In der Regel sind dies Niederdruckpatienten. So sollte man die abendliche Kaffeeverträglichkeit von einem Testversuch abhängig machen.

Wirkungsmäßig dem Kaffee weitgehend ähnlich ist der schwarze Tee. Er hat aber wesentlich geringere Stoffkonzentrationen und ist dadurch besser verträglich. Selbstverständlich sind auch die positiven Wirkungen gegenüber dem Kaffee eingeschränkt.

Zusammenfassend dürfen wir festhalten, daß wir im coffeinhältigen Kaffee ein geschmacklich ansprechendes, anregendes, unseren Leistungspegel hebendes Getränk zur Verfügung haben. Wir müssen nur die individuelle Verträglichkeit und eventuelle Krankheiten, die den Kaffeegenuß verbieten, berücksichtigen. Im Übermaß genossen werden überschießende Reaktionen, die Leistung und Wohlbefinden mindern, eintreten. Die verschiedenen Angebote bieten uns darüber hinaus noch Möglichkeiten, um trotz bestehender Schwierigkeiten auf diese Gaumenfreuden nicht verzichten zu müssen.

Genußgift – Kaffee

+	–
Kaffee auf drei Tassen täglich beschränken	Übermäßiger Kaffeekonsum
Kaffee genüßlich trinken	Arbeitskraft mit Kaffee zu heben trachten
Als Kreislaufhilfe statt Kaffee Kneipptherapie	Kreislaufstütze mit Kaffee
Bei vorbestehenden Krankheiten Kaffee vermeiden	

Konsumgesellschaft

Wir haben bereits wiederholt auf dieses Element der Ordnungstherapie hingewiesen. Produktionsunternehmen können nur dann aktiv bilanzieren, wenn ihre Produkte an den Konsumenten oder die Konsumentin gebracht werden. Die Verkaufsstrategie muß daher bemüht sein, den Ankauf möglichst verlockend zu machen und Begehren zu wecken.

Ersteres geschieht durch möglichst offene Präsentation der Ware und freie Zugänglichkeit. Früher war der Verkaufstisch zwischen Kaufmann und Käufer, und das Angebot war nur auf Distanz zu sehen. Es gab eine Barriere, die zum Überlegen zwang, und der Kauf folgte tatsächlichen Bedürfnissen. Es wurde nur das gekauft, was benötigt wurde und wenn es den Vorstellungen entsprach. Die Seriosität des beratenden Kaufmannes war nach der Zufriedenheit der Kunden ausgerichtet, das heißt, auf sachliche Beratung und nicht Verkauf um jeden Preis. Diese tradierten Verkaufsmethoden werden heute nur mehr in vereinzelten Läden, in Relikten einer vergangenen Zeit, gepflogen. Heute wird die Ware üblicherweise in einem offenen Regal angeboten, kann jederzeit in die Hand genommen werden und damit wird Verlangen geschürt, ohne daß es dem Käufer zum Bewußtsein kommt. Er wird zu Käufen verleitet, die er beim Betreten des Lokals noch gar nicht geplant hatte. Geschickt angeordnete Regale zwingen in der Regel zudem, an allen Angeboten vorbeizugehen und der einen oder anderen Verlockung zu erliegen. So muß doch jeder Mensch bekennen, daß er irgendwann einmal in der letzten Zeit Dinge kaufte, die ihm attraktiv schienen. Zuhause angekommen, wurde allmählich die Sinnlosigkeit der Erwerbung deutlich, und wohl in jedem Haushalt liegen Dinge herum, die aus einer Augenblickssituation (Verlockung) heraus besorgt und nie benützt wurden.

Die neue Art des Kaufens macht auch Spaß, und es sind nicht alles »Hausmänner«, die man heute beim Einkaufsbummel beobachten kann. Soweit es dabei nur einzelne Fehlkäufe gibt, wird in der Regel der häusliche Friede kaum beeinträchtigt und das Familienbudget nicht überfordert. Von psychologischer Seite mußte man allerdings erkennen, daß man bereits das Bild der **Kaufsucht** mit dramatischen Folgen registrieren kann. Es gibt Menschen, die verlockenden Angeboten, einschließlich langfristiger Zahlungskonditionen erliegen und nicht nur sinnlos kaufen, sondern auch ihre finanziellen Möglichkeiten nicht mehr überblicken. Die

Sucht in ihrer vollen Entwicklung bedarf psychotherapeutischer Intervention. Unser Aufgabengebiet liegt auf dem Weg dahin. Wir wollen aus der Sicht der Lebensordnung den Spaß am Kauf und auch die Freude am Gekauften, das schließlich durch der Hände Arbeit erworben werden konnte, herausstreichen.

Unnötig Angekauftes belastet aber nicht nur die Geldbörse, sondern bleibt auch Zeuge einer unsinnigen, würdelosen Handlung. Das positive Ordnungselement kann zum negativen Störfaktor umschlagen, und davor müssen wir warnen.

Die Betrachtungen über das Konsumverhalten und seine Auswirkungen wären unvollständig, wenn man nicht die mitunter psychologisch brutalen Werbemethoden miteinbeziehen würde. Ursprünglich war die Werbung allein auf Produktinformation ausgerichtet. Dem Interessenten wurden sachlich die Eigenschaften, Wirkungen usw. vorgestellt. Heute ist die Werbung in erster Linie auf die Weckung des Begehrens orientiert und bedient sich dabei aller nur möglichen psychologischen Tricks. Wenn überhaupt, werden inhaltliche Angaben lediglich zweitrangig gemacht. Außerdem wird die Werbung mit dem Fernsehen unmittelbar ins Haus geliefert und bedarf keiner Aktivität, zum Beispiel des Bemühens, sich Auskunft zu verschaffen. Eingestreut in das Programm – bei uns vorderhand wenigstens noch nicht während einer Sendung, sondern lediglich zwischen zweien – kann man sich kaum dagegen wehren. Als einziger Schutz bleibt ein ordentliches Maß an Skepsis und nicht alles Gesagte und Gezeigte als erstrebenswert finden. Erst nach eigener kritischer Beurteilung sollen Angebote zum Kauf in Erwägung gezogen werden. Die Wirtschaft und die Werbung sind mit dieser Einstellung der Angesprochenen nicht sehr glücklich und suchen immer nach Wegen, um sie zu umgehen. Es ist aber der einzige Schutz vor unqualifiziertem Konsum und eine Selbsthilfe, um nicht zum »Konsumtrottel« abgewertet zu werden.

Nur am Rande wollen wir vor kriminellen Verkaufspraktiken, z. B. zwischen Tür und Angel, warnen. Erheischtes Mitleid bis hin zum »Kleingedruckten« mit diversen nachteiligen Bedingungen, werden eingesetzt, um allerlei dubiose Geschäfte zu machen. Derartigen Methoden sind besonders ältere Leute ausgesetzt, und an sie geht der dringende Appell, bei fraglichen Angeboten äußerste Skepsis walten zu lassen.

Konsumgesellschaft

+	−
Kaufen nach Bedarf	Wahlloses Kaufen – Kaufsucht
Kaufen nach der Geldbörse	Unüberlegte Inanspruchnahme von »Zahlungserleichterungen«
Kaufen mit Überlegung	Kaufen zum »Angeben«
Werbung kritisch beurteilen	Kritiklos nach Werbung kaufen

Meteorologische Einflüsse

Sie erfordern durch ihren häufigen Wechsel ständige Anpassungsvorgänge im menschlichen Organismus. Das Temperaturregelsystem zur Erhaltung konstanter Körperkerntemperatur trotz laufend sich ändernder Umgebungstemperaturen haben wir eingangs dargelegt. Daneben gibt es aber noch eine Reihe anderer, zum Teil bekannter, zum Teil vielleicht noch unbekannter Komponenten, die in ihrer Gesamtheit als Witterungseinflüsse den Organismus fordern. Erwähnt seien Winde, wie die in Mitteleuropa üblichen Westtriften und der Fallwind nördlich der Alpen als Föhn, Niederschläge, der Feuchtigkeitsgehalt und die Ionisation, das ist die elektrische Ladung der Luft. Die Anpassung läuft als normaler Regelvorgang mit den drei Stationen Registrierung, zentraler Regelung (vegetativer Reaktion) und Beeinflussung der Stellglieder ab. Sie kommt uns, so weit sie nicht gestört ist und innerhalb gewisser, individuell verschiedener Grenzen bleibt, nicht zum Bewußtsein. Übermäßige Einflüsse, wie Föhn oder Gewitterfronten, können den Reaktionsapparat überfordern und Vorgänge auslösen, die das Wohlbefinden stören. Die Regelzentrale ist nicht mehr in der Lage, die Einwirkungen zu kompensieren, und die Folge sind Fehlregulationen, vor allem im Herz-Kreislaufbereich, aber auch an anderen Organen. Auch psychische Veränderungen von Mißmut über Leistungsunlust und leichter Erregbarkeit bis hin zu depressiven Verstimmungen treten auf. Das Ordnungsgefüge kommt aus dem Gleichgewicht und verursacht entsprechende Beschwerden.

Während diese Zeilen geschrieben werden, leidet Europa unter einer Hitzewelle mit hoher Luftfeuchtigkeit. Der Autor selbst hat mit der Bewältigung dieser außerordentlichen meteorologischen Einflüsse keine Schwierigkeiten. Wohl aber seine Patienten, die zum Teil mit organischen Vorkrankheiten, zum Teil aber ohne krankhafte Organveränderungen erhebliche Schwierigkeiten haben, und die Zahl der Hilfesuchenden, die zur Beratung kommen, liegt weit über dem Durchschnitt. Geklagt wird vor allem über Schwindelgefühl, Kopfschmerzen, Atemnot, Herzbeschwerden und auch Beschwerden am Bewegungsapparat sowie allgemeinen Schwierigkeiten in Form von Leistungseinschränkung.

Folgende therapeutische Maßnahmen führen wir durch: Liegen krankhafte Organveränderungen wie Bluthochdruck, coronare Herzkrankheit usw. vor, passen wir die laufende Therapie der geänderten Situation an.

Weiters empfehlen wir, vermeidbare körperliche und geistige Belastungen einzuschränken und sich in kühle Räume zurückzuziehen. Wenn möglich, und vor allem bei organisch Gesunden, raten wir zu Kneippscher Hydrotherapie mit kalten Waschungen, einfachen Güssen, Wassertreten und Arm- bzw. Fußbädern. Für alle Patienten gilt eine kalorienarme Ernährung mit wenig Fett und Eiweiß und eine möglichst reduzierte körperliche Belastung. Wo notwendig, wird Phytotherapie eingesetzt und gegebenenfalls mit allopathischen Mitteln kombiniert. – Wir vergessen auch nicht, darauf hinzuweisen, daß durch rechtzeitige Vorbeugung mit umfassender Kneipptherapie die Wetterfühligkeit eingeschränkt oder zur Gänze verhindert werden kann.

Systematisch aufgebaute Hydro- und Bewegungstherapie wirkt im Sinne eines Trainings der Regulationsmechanismen mit ihrer vegetativen Zentrale. Die Funktion wird normalisiert, die einfach meßbaren Größen (Blutdruck, Puls, Atmung) auf Durchschnittswerte stabilisiert und die Vorgänge laufen harmonisch ab. Damit kann der Organismus den Witterungseinflüssen zweckentsprechend begegnen und die unangenehmen Beschwerden werden beseitigt oder zumindest gemildert.

Die Toleranzgrenze der Witterungseinflüsse ist wie erwähnt starken individuellen Schwankungen unterworfen und ist auch beim Einzelindividuum von der augenblicklichen körperlichen Verfassung (von der »vegetativen Ausgangssituation«) abhängig. So wird der Arzt die Wetterfühligkeit nicht nur bei extremen Wettersituationen in seine diagnostischen Erwägungen miteinbeziehen. Vegetativ labile Patienten können bereits bei unbedeutenden Witterungsschwankungen Beschwerden als Ausdruck von Störungen im Ordnungssystem haben.

Davon abzugrenzen sind vorbestehende Erkrankungen, die durch Witterungseinflüsse verstärkte Beschwerden verursachen. Dazu zählen Blutdruckabnormitäten (Hochdruck, Niederdruck), coronare Herzkrankheit, Herzrhythmusstörungen, Veränderungen am Herzmuskel und am Klappenapparat. Weiters reagieren zahlreiche Erkrankungen des rheumatischen Formenkreises auf meteorologische Einflüsse mit verstärkten Schmerzen. Diese Störungen laufen zum Teil auch über das Ordnungssystem, bedürfen jedoch ärztlicher Intervention und sind von der Selbstbehandlung auszuklammern.

Meteorologische Einflüsse

+	−
Kneipptherapie als Vorbeugung	Klimawechsel bei bestehenden Erkrankungen
Kneipptherapie als Behandlung	Klimawechsel bei Fernreisen
Klima als Heilfaktor	Überforderungen bei extremen Witterungseinflüssen

Ökologie

Das ist nicht nur ein Schlagwort unserer Zeit, sondern mahnt zu einer bedächtigeren Entwicklung der Zivilisation und Korrektur des sorglosen Umganges mit der Natur. Die industrielle Produktion wurde in den letzten Jahrzehnten ohne Bedachtnahme auf mögliche Schäden der Umwelt vorangetrieben. Man glaubte, auch mit allen nachteiligen Nebenwirkungen zurechtkommen zu können. Die frühen Mahner wurden als Miesmacher ignoriert, bis sich die negativen Auswirkungen auf die Natur, aber auch auf die Gesundheit des Menschen zeigten.

Heute sehen wir, welche Wunden dem Wald geschlagen wurden und wie kostbar sauberes Wasser geworden ist, um nur einige Beispiele zu nennen. Radikale Maßnahmen werden von den einzelnen Staaten vorderhand noch recht halbherzig in Angriff genommen. Das Ausmaß der bisherigen Katastrophen ist scheinbar noch zu gering, um dem Umweltschutz in allen Lebensbereichen Priorität einzuräumen. Wie sonst wäre es zu erklären, daß der Straßenverkehr trotz der bekannten Emissionen weiter expandiert und die FCKW (fluorierten Chlorkohlenwasserstoffe) noch immer nicht aus dem Alltag verbannt wurden.

Umweltschutz ist aber nicht nur Aufgabe des Staates und seiner Institutionen, sondern muß auch persönliches Anliegen sein. Jeder Mensch sollte, nicht zuletzt im Sinne der Lebensordnung, seine Verhaltensweisen einer kritischen Kontrolle unterziehen und auch die von ihm in Anspruch genommenen Gegenstände nach Umweltfreundlichkeits-Kriterien auswählen.

Unbelastete Natur spendet uns den lebensnotwendigen Sauerstoff und gibt uns jenes Milieu, in dem wir uns von den zivilisatorischen Belastungen erholen können. Sie wird dadurch zu einem sehr wesentlichen ordnungstherapeutischen Instrumentarium. Tun wir daher alles, um die Schönheit unserer Welt zu bewahren und vermeiden wir jeden zerstörerischen Einfluß auf Flora und Fauna!

Ökologie

+	−
Verhaltensweisen umweltbewußt ausrichten	Gewissenloser Umgang mit der Natur
Umweltschädigende Stoffe nicht oder möglichst wenig verwenden	Unbegrenzte Abfall-produktion
Keine oder möglichst wenig Umweltgifte produzieren	Gewissenlose Schadstoffproduktion (Autofahren, Rauchen, Spray etc.)
Stets auf Bewahrung der Natur achten	Umweltsünden nur bei anderen suchen

Entspannende Verfahren

Darunter verstehen wir Verfahren, mit denen man angestaute Überforderungen möglichst rasch abbauen kann, um wieder einen optimalen Leistungspegel zu erreichen. Spannungen werden durch Entspannung ausgeglichen und neue Belastungen dadurch ermöglicht. Ein an sich natürlicher Mechanismus, der allerdings, wie schon wiederholt angeführt, in unserer hektischen Zivilisation übermäßig gefordert wird. Es bedarf daher zur Erhaltung der Ordnung bei Überforderung unterstützender Maßnahmen, um die rhythmologisch vorgegebenen Entspannungsphasen zu nutzen. Darüber hinaus dienen Entspannungsmethoden im speziellen der Bewahrung oder Normalisierung der Regelzentrale, der vegetativen Zentren des Zwischenhirns. Sie, die willensmäßig nicht beeinflußt werden können, stehen im Zentrum ordnungstherapeutischer Maßnahmen. Mit entspannenden Verfahren erhält man Zugang zu ihnen und kann sie bei Entgleisungen zur Normalfunktion zurückführen. Das ordnungstherapeutische Behandlungsinstrumentarium erhält somit durch entspannende Verfahren neben den angeführten therapeutischen Gesprächen seine Ergänzung. Die Zahl der Methoden ist beträchtlich, und allmählich haben sich einige als vornehmlich brauchbar herauskristallisiert.

Sie sind nach der praktischen Eignung, der Akzeptanz durch die Patienten und der erzielbaren Wirkung einzustufen. Die nachfolgende Auflistung soll aber keine Wertigkeitsskala darstellen.

1. Autogenes Training nach J. H. Schultz
2. Yoga
3. Progressive Relaxation nach Jacobson
4. Atemtherapie
5. Ärztliche Hypnose
6. Biofeedback
7. Das Gebet

Im Anschluß werden die Methoden vorgestellt. Zu ihrer praktischen Verwertung ist jedoch weiterführende Information erforderlich. Hier, an dieser Stelle, soll lediglich eine gewisse Entscheidungshilfe zur Auswahl der individuell bestgeeigneten Methode gegeben werden, wobei örtliche Angebote miteinzubeziehen sind. Wir wollen vorweg nicht verhehlen, daß wir dem autogenen Training begründbar mit Abstand das Primat einräumen und damit dem profunden Kenner und Kritiker der Entspannungsmethoden, dem Rehabilitationsmediziner MENSEN folgen.

Das autogene Training (AT)

Es ist in den meisten Kneippkurorten Bestandteil des Kurangebotes. Es wird in den kneippärztlichen Fortbildungsseminaren regelmäßig gelehrt, und damit stehen genügend qualifizierte Lehrkräfte zur Verfügung. Sie garantieren für die Qualität des Angebotes.

Dies gilt auch für jene Kurse, die in den Gliederungen der Kneippvereine Deutschlands, Österreichs und der Schweiz unter fachkundiger Leitung angeboten werden. Man muß dies unterstreichen, da sich immer wieder selbsternannte »Lehrer« mit zweifelhaften Kenntnissen, teils aus geschäftlichen Interessen, teils mit dubiosem Sendungsbewußtsein anbieten. Sie sind nicht in der Lage, hilfebedürftigen Menschen wirklich Hilfe zu bringen und erweisen dem AT keinen guten Dienst. Ihre nicht wenigen Versager werden der Methode in die Schuhe geschoben und nicht auf ihre Unzulänglichkeit zurückgeführt. Deshalb raten wir bei fraglichen Lehrangeboten außerhalb der Kneippvereine oder anderer qualifizierter Institutionen (Volkshochschulen, Erwachsenenbildung) bei den Gesellschaften für »ärztliche Hypnose und autogenes Training« in Deutschland oder Österreich rückzufragen.

Der Schöpfer des autogenen Trainings, der spät zu Professorenehren gekommene Dr. Dr. h. c. J. H. Schultz, hat sehr früh auf die sinnvolle und ergiebige Kombination der Kneipptherapie und der von ihm erdachten Methode zum möglichst raschen Abbau von psychovegetativen Spannungen hingewiesen. Selbst profunder Kenner der Kneippschen Heilweisen (aus eigenem Erlebnis heraus) hat er wiederholt vor Kneippärzten und anderen Vertretern der Kurortemedizin gesprochen. Damit war ein sehr früher Brückenschlag getan.

Die moderne Kneipptherapie hat das fundierte autogene Training als sinngemäße Erweiterung der Ordnungstherapie an das therapeutische Rüstzeug angegliedert. Es unterstützt die sonstigen Bemühungen zur Behebung von Störungen im Ordnungsgefüge und zur Bewahrung von Wohlbefinden und Leistungsfähigkeit.

Wie der Name schon sagt, handelt es sich um eine erlernbares, von Eigenaktivität abhängiges Trainingssystem, das den anderen Kneippschen Naturheilpraktiken wesensverwandt ist. Es bedient sich naturgegebener

Möglichkeiten, ist durch den ordnenden Einfluß auf die Zentrale der Regelsysteme im besten Sinne ganzheitsorientiert und betont die Mitverantwortung des Menschen.

Zu ihren Vorteilen zählt, daß es keine altersmäßige Begrenzung gibt und die Methode auch von Kindern erlernt werden kann. Der Intelligenzgrad spielt keine wesentliche Rolle, wie es in einer Studie aus einem Rehabilitationszentrum für Koronare-Herzkrankheiten nachgewiesen werden konnte. Entscheidend ist das kursmäßige Erlernen (ob einzeln oder in der Gruppe ist weniger ausschlaggebend) unter einem qualifizierten, selbst die Methode beherrschenden und mit den Schwierigkeiten vertrauten Lehrer. Ein Buch kann Hilfe sein, kann aber nie den Lehrer ersetzen!

Der materialistisch orientierte, oberflächliche Betrachter ist leicht geneigt, das AT als Scharlatanerie abzutun. Wir hörten dieses vorschnelle Urteil gar nicht so selten, als die Methode noch nicht so bekannt war und bekommen es auch heute noch immer zu hören. Dem kann man exakte Beobachtungen objektivierbarer Effekte entgegensetzen. So läßt sich die Muskelentspannung bei der Schwereübung (1. Grundübung; siehe unten) elektromyographisch, durch klinische Prüfung der Muskelspannung und durch Bestimmung des Auflagendruckes nachweisen. Die Wärmeübung (2. Grundübung) ist unter anderem durch Hautthermometrie, Verschlußplethysmographie und Ultraschall-Doppler-Sonographie zu dokumentieren. Die Effekte der Organübungen (3. – 6. Übung) sind durch Langzeit-EKG, Lanzeituntersuchungen des Pulses und des Puls-Atemquotienten, Untersuchung der Abdominalorgane, Elektroencephalogramm und viele andere Methoden zu belegen. Der psychische Effekt läßt sich mit einer Reihe von Tests nachweisen.

Somit ist das autogene Training nicht nur empirisch, sondern auch experimentell objektiv abgesichert. Zahlreiche wissenschaftlich einwandfreie Untersuchungen bestimmen seinen Vorrang gegenüber den anderen Entspannungsmethoden.

Das autogene Training wurde aus der Hypnose entwickelt. Durch bewußte geistige Schulung wird eine Beeinflussung aus dem Inneren heraus ermöglicht. Man spricht auch von einer Weckung der Eigenkontrolle zur Selbststeuerung und versteht darunter eine bestmögliche Funktion aller Regelsysteme, um den Organismus allen Belastungen gerecht werden zu lassen.

Dies geschieht beim AT durch ein Versenken in das eigene Ich unter Ausschaltung aller Umwelteinflüsse. Man bedient sich dazu der **Ruhetönung**, die wir weiter unten erklären werden. Das eigentliche Üben beinhaltet die zwei **Grundübungen**, nämlich die Schwere- und die Wärmeübung. In logischer und physiologischer weiterer Folge schließen die **Organübungen** an. Zuerst die Beeinflussung der Herzfunktion, dann der Atmung und der Funktion der Bauchorgane. Den Abschluß bildet die Kühle der Stirn. Diese Übungen folgen vorgegebenen, aus der Erfahrung stammenden **Formeln** und können später, nach Gelingen, durch individuell gestaltete **formelhafte Vorsätze** ergänzt werden. Letztere werden nach den persönlichen Bedürfnissen ausgewählt und dienen der Bewältigung spezieller Anforderungen. Nach dem Üben muß **zurückgenommen** werden, das heißt, man taucht aus der Versenkung wieder in die Realität auf.

Um einen ausreichenden Erfolg zu erzielen, sind einige **Grundvoraussetzungen** unabdingbar. Erstens muß sich der Übende über die Methode informiert haben und muß von der Wirksamkeit überzeugt sein. Ist er das nicht, soll er das Gespräch mit einem erfahrenen Fachmann suchen, der die Zweifel beseitigen kann. Wenn dann noch immer Skepsis besteht, werden die Bemühungen kaum zum Ziel führen.

Zweitens muß von vornherein ein gewisser täglicher, eher bescheidener Zeitaufwand und ein gewisser Zeitraum bis zum sichtbaren Erfolg einkalkuliert werden. Die bewußte geistige Schulung »zur Beeinflussung aus dem eigenen Ich«, wie man den Trainingsvorgang zu charakterisieren pflegt, erfordert Zeit und Geduld. Kleine Rückschläge oder ein vorübergehender Stillstand dürfen nicht entmutigen, sondern liegen in der Natur der Sache. Schließlich eröffnet man den Zugang in Bereiche, die nicht willensmäßig aktiv zu lenken sind.

Die dritte Grundvoraussetzung ist ein erfahrener Lehrer, dessen Bedeutung wir schon erwähnt haben. Er erleichtert den Start, hilft bei Schwierigkeiten und garantiert bei entsprechender Kooperation des Trainierenden den Erfolg.

Die Kurse werden in zwei Varianten gehalten. Sie ergeben sich aus dem zur Verfügung stehenden Zeitraum. Die Kurzform ist ein **Informationskurs,** wo die Methode vorgestellt wird, die Technik erklärt und eventuelle Probleme besprochen werden. Das eigentliche Training beschränkt sich auf die einleitenden Grundübungen. Diese Form wird vor allem in Kurorten, wo sich die Kurgäste drei, maximal vier Wochen aufhalten, angeboten. In dieser Zeit kann das endgültige Ziel, das mindestens 6 Wochen erfordert, nicht erreicht werden. Lediglich vereinzelt gelingt es bereits bei den Grundübungen, positive Organeffekte zu erzielen und gewissermaßen der logischen Folge vorauszueilen. Der durchschnittliche Kursteilnehmer wird so wie jeder Schüler in der Schule mit Wissen versorgt, das er dann nach und nach selbst in die Praxis umsetzen muß. Diese Kurzkurse folgen der vorgegebenen begrenzten Zeit.

Besser ist naturgemäß die zweite Variante. Ein **Übungslehrgang,** der mit wöchentlich einem Übungsabend über mindestens sechs Wochen geführt wird. Hier werden neben der einleitenden Information Schwierigkeiten diskutiert und auch logisch aufbauend alle Übungen trainiert. In diesem Zeitraum ist die Masse der Teilnehmer so weit, daß sie allein fortsetzen können und keine behindernden Probleme mehr auftreten. Vor allem können sie dann noch ihrem individuellen Bedürfnis entsprechende formelhafte Vorsätze (siehe unten) einbauen. Derartige komplette Kurse werden in der Regel in den Kneipportsvereinen, in Volkshochschulen und dergleichen Institutionen angeboten.

Ohne Zeitschwierigkeiten gedrängtere, eventuell billigere Angebote können weniger empfohlen werden, da sie zwangsläufig weniger Erfolgsgarantie bieten. Reine Informationsabende als alleinige Hilfe, ohne jegliches praktisches Üben, lehnen wir überhaupt ab, da nicht nur der Erfolg zweifelhaft ist, sondern auch negative Effekte auftreten können.

Zum Gelingen sind auch entsprechende **räumliche Verhältnisse,** die optische, akustische und geruchsmäßige Einflüsse zumindest weitgehend reduzieren, erforderlich. Das an sich schwierige Ignorieren dieser Reize muß sowohl im Kursraum als auch im häuslichen Übungsraum durch entsprechende Abschirmung unterstützt werden. Das Licht soll durch dichtere Vorhänge oder Jalousien gedämpft und die Fenster gegen Lärm und Geruch geschlossen werden.

Außerdem müssen eventuell störende temperaturmäßige Reize durch ausgeglichene Raumtemperatur, das heißt nicht zu warm und nicht zu kalt, vermieden werden. Diese vorbeugenden Maßnahmen sind natürlich nur für die Lernphase notwendig oder zweckmäßig. Ist die »Beeinflussung aus dem eigenen Ich« zum eingefahrenen Ritual geworden, kann die »konzentrative Selbstversenkung« in jeder Umgebung eingeleitet werden.

Auch der Tast- und Schmerzsinn soll weitgehend ausgeschaltet werden. Neben einer der unten angeführten Haltungen, bzw. Lagerung, ist lockere, **nicht beengende Kleidung** zu empfehlen. Kragen und Hosenbund sind zu lockern und Frauen dürfen keine beengende Unterwäsche tragen.

Wenn immer möglich, raten wir zu einem Trainingsanzug, bei dem weder Beengung noch ein wesentlicher Auflagendruck besteht. Diese Maßnahmen gelten vor allem für die Zeit des Erlernens. Es sollte aber auch der Geübte beim Training enge Kleidungsstücke öffnen.

Das autogene Training muß natürlich nicht unbedingt in der Gruppe erarbeitet werden. Es kann auch eine Einzelanweisung durch einen Fachmann erfolgen. Im Gegensatz zu sonstigen Lernvorgängen bietet das allerdings keinen Vorteil und sollte nur bei terminlichen Schwierigkeiten zum Einsatz kommen. Ein weiterer Grund ist eventuell, wenn die Gruppe zu heterogen zusammengesetzt ist und gesellschaftliche Hemmungen die erforderliche Ungezwungenheit verhindern. Derartigen Fällen begegnen wir immer wieder und wählen dann den Alleingang. Ansonsten empfehlen wir die Gruppe, da sie einige positive Elemente der ihr eigenen Dynamik einbringt. Die Teilnehmerzahl wird im allgemeinen mit 25 begrenzt, da bei größeren Gruppen die Beobachtung des einzelnen Teilnehmers durch den Lehrer leidet.

Der **Körperhaltung** kommt beim Üben große Bedeutung zu. Wenn die Voraussetzungen es einigermaßen gestatten, soll am Beginn dem Liegen der Vorzug gegeben werden. Es ist die beste Form der muskulären Entspannung, nur muß für körpergerechte Lagerung gesorgt werden. Besondere Beachtung verdienen Kniegelenke, Lenden- und Halswirbelsäule. Sie sind vor allem bei Formabweichungen, wie Rundhohlrücken oder degenerativen Veränderungen entsprechend mit Kissen abzustützen. Man liegt also ausgestreckt am Rücken und wählt jene Stellung der Gelenke, die eine optimale Gesamtentspannung des Körpers erlaubt. Die Beine werden in den Kniegelenken leicht angewinkelt nebeneinander gelagert, ohne sich zu berühren. Sie dürfen auch nicht zu weit gegrätscht werden. Der Abstand soll etwa 5 bis 15 cm, je nach individuellem Empfinden, beziehungsweise Verlangen, betragen. Die von den Schuhen entblößten Füße werden mit den Zehenspitzen leicht nach außen geneigt. Die Arme liegen im Ellbogen leicht abgewinkelt neben dem Körper. Die Handflächen, mit völlig gelockerter, leichter Hohlhand, sind zum Boden gekehrt. Die Finger dürfen nicht verkrampft und die Hände nicht auf den Boden gepreßt werden. Einige Beachtung sollte der Mimik geschenkt werden. Auch die Muskulatur des Gesichtsschädels soll gelockert werden und dies geschieht durch geringe, zwanglose Öffnung des Mundes und einem Gesichtsausdruck, der behaglicher Zufriedenheit entspricht. Im Kurs kontrolliert der Lehrer die richtige Lagerung, doch sollte vor Beginn des Übens auch eine Selbstkontrolle des Entspannungsgrades der Muskulatur erfolgen.

Die zweite Möglichkeit ist die Droschkenkutscherhaltung (in Wien würde man von der Fiakerhaltung sprechen), wie sie J.H. Schultz den am Kutschbock schlafenden Männern abgeschaut hat. Es ist jene Haltung, bei der sitzend, ohne Rückenlehne, eine optimale muskuläre Entspannung erreicht wird. Ausgang ist ein aufrechter Oberkörper, der durch Entspannung in sich hineinsinkt ohne einen Rundrücken zu bilden. Der Kopf sinkt dorthin, wo er hinfällt. Die Beine stehen abgewinkelt entspannt am Boden mit einem Abstand, daß beide leicht abgewinkelten Arme zwischen den Oberschenkeln mit den Handflächen nach unten zu liegen kommen. Die Finger sind locker und eventuell beengendes Schuhwerk soll ausgezogen werden. Ansonsten gilt wie beim Liegen das Lockern beengender Kleidungsstücke.

Wenn ein Lehnstuhl mit Nackenstütze und Armlehnen zur Verfügung steht, kann die Haltung entsprechend angeglichen werden. Der Kopf wird auf die Nackenrundung gelegt und die entspannten abgewinkelten Arme ruhen auf den Seitenstützen. Die Beine sind wie bei der Droschkenkutscherhaltung.

Die Auswahl folgt den örtlichen Gegebenheiten, doch sollte anfangs und beim abendlichen Üben, wie erwähnt, dem Liegen der Vorzug gegeben werden. Beim Üben tagsüber sollte man sich für eine der beiden sitzenden Haltungen entscheiden und dann dabei bleiben. Ein Wechsel kann beim Einüben Schwierigkeiten bereiten und ist auch dem Geübten nicht gerade förderlich.

Die zeitmäßige Begrenzung der Übungsfolgen wird im Kurs vom Kursleiter vorgegeben. Beim häuslichen Üben, das zumindest anfangs 3mal täglich erfolgen soll, muß ein gewisses Zeitgefühl mobilisiert werden. Man soll die »innere Uhr« auf etwa 1 1/2 Minuten programmieren. Dies gelingt in der Regel recht gut, und kleine Abweichungen spielen keine Rolle. Auf keinen Fall darf während des Übens eine Uhr benützt werden oder gar ein gestellter Wecker die Beendigung ankündigen.

Wenn die vorerwähnten Bedingungen erfüllt sind, gilt es die für das Üben erforderliche Ausgeglichenheit als **»Ruhetönung«** herbeizuführen. Dies ist für den Neuling wohl die größte Hürde. Er muß alle nachhaltigen Erlebnisse, Empfindungen und Gedanken von sich weisen und nur mehr sich selbst zu spüren und zu erleben versuchen. Die meist verwendete Formel dazu lautet: »Ich bin ganz ruhig.«

Damit allein ist es in der Regel nicht getan. Es fällt vielen Übenden anfangs schwer, die trotz eines weitgehend abgeschirmten Raumes verbleibenden Geräusche oder auch Gerüche völlig zu ignorieren, während die optischen Eindrücke durch Schließen der Augen auszuschalten sind. Vor allem drängen sich bei vielen »Schülern« Gedanken auf, die dem Selbstversenken hinderlich sind. Wir verwenden dann gerne die Vorstellung des Eintretens in einen großen leeren Raum, wo nichts hineindringen kann und wo man sich völlig ungehindert dem eigenen Ich hingeben kann. Diese Hilfe wird in der Regel gerne angenommen. Ist die nötige Ruhetönung eingetreten, kann mit dem eigentlichen Üben begonnen werden. Die Übungsformeln stellt sich der Übende vor, sie werden aber nicht vorgesprochen. Dies würde die passive Konzentration behindern. Wir wollen hier nicht näher auf die Problematik der eigentlichen Formulierung eingehen. Es wird darüber sehr viel, oft auch Unnötiges, gesprochen. Wir wollen die meistverwendeten und auch bewährten Wortfolgen verwenden. Sie sollen, einmal gewählt, auch nicht mehr geändert werden.

Die erste Übung ist die **Schwereübung,** die bei Rechtshändern auf den rechten, bei Linkshändern auf den linken Arm konzentriert ist.

Unter der Formel

»Der rechte Arm ist ganz schwer«

wird versucht, die Schwere des rechten Armes zu erleben. Es darf jedoch keineswegs durch aktiven Einfluß mit Druck auf die Unterfläche der Eindruck ausgelöst werden. Völlig passiv wird durch Abbau der Grundspannung der Muskulatur die Schwere empfunden. Dabei gibt es in der Regel keine Schwierigkeiten und es kann, wenn es am Bezugsarm gelungen ist, der andere Arm mit eingeschlossen werden. Die Formel lautet dann

»Beide Arme sind ganz schwer«

Selbst eine Generalisierung auf Arme und Beine ist möglich, muß aber anfangs nicht sein. Nach etwa 1 1/2 Minuten, bei schlechtem Gelingen eher früher, wird zurückgenommen. Darunter versteht man quasi die Rückkehr aus dem eigenen Ich in die Realität. Als Formel verwendet man

»Augen auf, tief atmen, Arme kräftig«.

Es soll gewissermaßen ein freudiges Erwachen mit neuem Tatendrang sein. Wenn man am Anfang steht, wird beim häuslichen Üben nach dem Zurücknehmen eine zweiminütige Pause eingeschaltet und dann neuerlich geübt. Eingangs wieder mit der Ruhetönung, dann der eigentlichen Schwereübung und schließlich dem Zurücknehmen. Daraus ergibt sich ein Zeitaufwand von etwa fünf Minuten + Zurücknahmezeit und das sollte man 3mal täglich durchführen. Am besten am Morgen, wenn der Schlaf ordentlich aus den Augen gewischt ist, nach dem Mittagessen und am Abend in aller Muße.

Die zweite Grundübung ist die **»Wärmeübung«,** die ebenfalls am Bezugsarm begonnen wird. Als Formel dient

»Der rechte (linke) Arm ist ganz warm«.

Wenn die Schwereübung gelingt, kann bereits ein Wärmegefühl eintreten. Die Wärmeübungsformel wird unmittelbar nach der ersten angeschlossen. Die Empfindungen beinhalten Wärme und Gefühl des Fließens im rechten Arm. Nach Gelingen kann wieder eine Übertragung auf den linken Arm und später eine Generalisierung auf Arme und Beine erfolgen.

Die beiden Grundübungen sollen gut eingeübt sein, ehe man mit den Organübungen beginnt. Nicht selten wird bei der Wärmeübung bereits der Herzschlag verspürt, und es ist daher logisch, die **Herzübung** anzuschließen. Als ergänzungsfähige Formel verwendet man

»Mein Herz schlägt ganz ruhig«.

Darauf soll man sich vor allem beschränken, wenn man den Herzschlag als unangenehme Pulswelle empfindet.

Soll die Leistungsfähigkeit des Herzens hervorgehoben werden, verwendet man

»Mein Herz schlägt ganz ruhig und kräftig«.

Bei Herzrhythmusstörungen, wo der Patient das Gefühl hat, daß das Herz nach einem kräftigen Schlag kurz aussetzt, wählt man die Formel

»Mein Herz schlägt ganz ruhig und gleichmäßig«.

Ein großer Teil dieser Rhythmusstörungen ist übrigens ein sehr dankbares Einsatzgebiet des AT (unter Einschluß von Kneippanwendungen). Allerdings muß der Übende vorher über die Natur der abnormen Schlagfolge aufgeklärt und ihm die Furcht, es könnte bei dieser Pause das Herz völlig stehenbleiben, genommen werden. Bei sehr nervösen Typen wird man allerdings eventuell die Herzübung überspringen.

Zur Ergänzung des Organempfindens ist es zweckmäßig, wenn der Neuling den rechten Arm locker in der Herzgegend auflegt. Er kann damit den Herzschlag erfühlen. Wenn dies gut eingeübt ist, kann man auf den unterstützenden Arm wieder verzichten.

Nach dem Herzen folgt die **Atmung.** Seitens der Atemfachleute wird immer wieder betont, wie schlecht viele Menschen atmen und damit dem

Körper unzureichend Sauerstoff zur Verfügung stellen oder das Organ durch Unregelmäßigkeit überfordern. Mit dem AT wird die Atmung richtig eingestellt und beruhigt. Sie wird allerdings nicht bewußt gestaltet, sondern wird mit Hinwendung erfühlt. Dies kommt auch in der Übungsformel

»Es atmet mich«

zum Ausdruck. Zum besseren Gelingen wird der Atmungsmechanismus vorher vom Lehrer erklärt.

Die fünfte Übung betrifft den Bauchraum, wo das vegetative System die gesamte Nahrungsaufnahme und die Abgabe von Stoffwechselendprodukten steuert. Der komplizierte Verdauungstrakt mit seinen weitgefächerten, ineinandergreifenden Systemen ist häufig der Ort, wo sich psychovegetative Störungen manifestieren. Vor allem bereiten krampfartige Bewegungen der Hohlorgane (Magenkrämpfe, Darmkrämpfe, Krämpfe der Gallenwege) sehr unangenehme Schmerzen. Sie sind dem AT zugängig und lassen sich über das **Sonnengeflecht,** den vegetativen Nerven im Oberbauch, dämpfen oder beseitigen. Als Formel dazu dient

»Sonnengeflecht strömend warm«

Darin kommt die ausgeglichene, nicht verkrampfte Transportarbeit der Hohlorgane zum Ausdruck. Alle Bauchorgane sind dabei eingeschlossen.

Die 6. und letzte Übung befaßt sich mit dem **»kühlen Kopf«.** Sie dient als Schlußpunkt der Bemühungen um Ausgeglichenheit und wird durch das Empfinden angenehmer Kühle (keinesfalls Kälte) an der Stirn vermittelt. Als Formel dient

»Stirn angenehm kühl«.

Wenn das Ziel erreicht ist und die Übungen den gewünschten Effekt zeigen, werden sie in der angeführten Reihenfolge durchexerziert. Es ist dann der Zeitpunkt, **formelhafte Vorsätze** und **plakative Leitsätze** einzufügen. Es handelt sich dabei um Vorsätze, die der Bewältigung persönlicher Schwierigkeiten dienen oder zum Gelingen anstehender Aufgaben beitragen. Diese Vorsätze sollen kurz und prägnant sein, dürfen keinen negativen Inhalt haben und sollen die Eigenaktivität betonen.

Dazu zwei Beispiele:

Eine Patientin litt unter quälenden Ohrgeräuschen, die weder durch Kneipptherapie noch durch allopathische Behandlung zu bekämpfen

waren. Sie beschäftigte sich seit langer Zeit mit dem AT und formte sich über Empfehlung den Vorsatz

»Das Ohr rauscht, ich höre es nicht«.

Einige Monate später berichtete sie bei der nächsten Konsultation, daß sie von ihrer Qual befreit sei. Die Geräusche sind nach wie vor vorhanden, sie beachte sie aber nicht mehr und lasse sich ihr Leben dadurch nicht mehr verderben!

Das zweite Beispiel betrifft einen jungen Mann, der beruflich vor der Konfrontation mit seinem Vorgesetzten immer panische Angst hatte. Sie war völlig unbegründet, da er seinen beruflichen Pflichten durchaus gerecht wurde. Die Behandlung wurde mit komplexer Kneipptherapie eingeleitet, um seine vegetativen Beschwerden und Schlafstörungen zu bekämpfen. Schließlich hat er sich auch das AT angeeignet und mit dem formelhaften Vorsatz

»Meine Arbeit stimmt, der Chef weiß es«

seine Ängste überwunden.

In gleicher Weise können Vorsätze zur Raucherentwöhnung und zur Alkoholabstinenz zurechtgelegt werden.

Die plakativen Leitsprüche sind mehr allgemeiner Natur und können alten Weisheiten entsprechen oder der Literatur entnommen werden. Sie sollen dem eigenen Sprachgebrauch entsprechen und mit ihrem Inhalt das Selbstbewußtsein stärken oder Leistungen erbringen helfen.

Der Vollständigkeit halber sei noch die »Oberstufe« erwähnt, von der immer wieder angenommen wird, daß sie die Technik der Fortgeschrittenen sei. Dem ist aber keineswegs so. Es handelt sich vielmehr um meditative Techniken, mit denen die Erlebnisse der Innenwelt noch weiter intensiviert werden können. Sie ist für den Erfolg des AT im Rahmen der Ordnungstherapie keineswegs erforderlich und sollte für spezielle Fälle der Vermittlung durch Psychotherapeuten vorbehalten bleiben.

Die sechs Grund- und Organübungen reichen durchaus, um das autogene Training zu einer wertvollen Hilfe der Ordnungstherapie im Ringen um ein erfülltes Leben werden zu lassen.

Yoga

Wir sind uns bewußt, daß es im Grunde falsch ist, Yoga den entspannenden Verfahren zuzuzählen. Es handelt sich dabei um uralte religiöse Riten mit typisch indischer Gestaltung. Bereits die ersten Stufen des achtstufigen Yoga sind religiös ausgerichtet und enthalten Verbote und Gebote, wie sie großteils auch in den monotheistischen Religionen des Abendlandes zu finden sind. Es ließe sich diskutieren, wieweit sie zur Gänze in den Westen zu transferieren sind; ob unsere Welt alle Wertvorstellungen und Verhaltensweisen übernehmen kann oder als erstrebenswert übernehmen soll. Feststeht, daß eine Reihe von Grundsätzen enthalten sind, wie wir sie unter Berücksichtigung westlicher Lebensform auch in der Kneippschen Ordnungstherapie finden.

Die dritte Stufe des Yoga lehrt die Körperhaltungen, die »Asanas«, wie sie in den mitteleuropäischen Yogakursen vornehmlich das Angebot beherrschen. Über sie soll gleich anschließend noch etwas ausführlicher gesprochen werden. Die vierte Stufe beeinhaltet die Beherrschung der Atmung. »Prana« (der Atem) soll durch die »Pranayamas« möglichst weit gedrosselt werden. »Prana« möglichst sparsam einzusetzen, verlängert nach Meinung der Yogis das Leben, und damit kann er sein »Karma« möglichst positiv gestalten. So kann man schwer von Atemübungen im Sinne der Ordnungstherapie sprechen, wo eine ganz andere Zielsetzung gegeben ist. Bei Kneipp geht es darum, eine möglichst ausgeglichene Atmung zu erreichen und den Organismus in jeder Lebenslage optimal mit Sauerstoff zu versorgen. Vor allem soll bei Leistungsanforderung genügend zur Verfügung stehen, um die erwünschte Arbeit bewältigen zu können und in Ruhe eine zweckentsprechende Drosselung erfolgen.

Die vier Hauptatemübungen des Yoga, die Bauch- und Brustatmung optimieren sollen, folgen atemphysiologischen Grundsätzen und sind geeignet, bei vielen Menschen zu beobachtende falsche Atmung zu regulieren. Die weiterführenden Modifizierungen mit Pause zwischen Ein- und Ausatmung usw. folgen jedoch religiösen Vorstellungen und Zielsetzungen und sind kaum auf optimale Lebensbewältigung im westlichen Sinne ausgerichtet.

Die »Asanas« sind Haltungsübungen, von denen es in dem aus dem 15. Jahrhundert überlieferten »Hatha-Yoga« 84.000 (!) geben soll. Mit ihnen steuert der Yogi nach seinen Vorstellungen innere Körperströme und

Schnittpunkte, die Gottheiten zugeordnet und mit mystischen Vorstellungen verbunden werden. Aus der Sicht des Arztes kann durch die einzelnen Haltungen ein gewisser (positiver oder negativer) Einfluß auf Herz-Kreislauf und innere Organe erwartet werden. Von einem ordnenden Element wird man aber kaum sprechen können. Die Anforderungen an den Bewegungs- und Stützapparat bei den zum Teil sehr ausgefallenen, im normalen Leben überhaupt nicht vorkommenden Haltungen, sind beträchtlich und bringen kaum gesundheitlichen Gewinn. Im Gegenteil können bestehende chronische Schädigungen weiter verschlechtert werden. Gerechterweise muß man feststellen, daß gewissenhafte Yogalehrer darauf Rücksicht nehmen und vor dem »Erzwingen« gewisser Haltungen warnen.

Ausgangsposition ist für alle Asanas eine Entspannungshaltung im Liegen, die auf Sanskrit »Sehaba-sana«, was »Toter Mann« heißt, bezeichnet wird. Diese Grundhaltung entspricht jener Position, wie wir sie beim autogenen Training im Liegen angegeben haben. Yogis pflegen nur ihre Handflächen nach oben zu kehren. Die »Bauchsehabasana« ist eine Variante, bei der der Yogi mit seitgedrehtem Kopf auf dem Bauch liegt und die für Wohlstandsbürger weniger geeignet sein dürfte.

Aus »Sehabasana« heraus werden dann nach bestimmter Reihenfolge die »Asanas« eingenommen. Die Haltung wird jeweils für 10 – 15 Sekunden und, wenn eingeübt, auch länger eingenommen. Dabei erfolgt ein der Übung entsprechender Atemtyp. Nachher wird für mindestens 15 Sekunden wieder die »Toter Mann«-Haltung eingenommen und dann eventuell die Haltung wiederholt oder eine andere angeschlossen.

Nähere Information über »Asanas« müssen der einschlägigen Literatur entnommen werden. Haltungen und Atmung sind gewissermaßen die Voraussetzung für die weiteren Stufen des Yoga, die in den meditativen Bereich führen.

Sie sind von religiös-mystischen Vorstellungen durchdrungen und gipfeln in der achten Stufe, den »Samadhi«, in tiefster Versenkung und Vereinigung mit dem göttlichen Geist. Ein Ziel, das nur von »Auserwählten«, den »Gurus« erreicht werden kann.

Mit dieser sehr vereinfachten Vorstellung glauben wir zum Ausdruck gebracht zu haben, daß ihm eine Reihe ordnender Elemente innewohnen, die Zielsetzung aber doch eine ganz andere ist. Das wird von den zahlreichen, mehr oder weniger qualifizierten »Yogalehrern« gerne verschwiegen. Daher die eingangs erwähnte Bemerkung, daß man Yoga nicht zu den Entspannungsmethoden zählen kann, sondern besser von Entspannung mit dem Yoga entlehnten Riten sprechen sollte.

Die progressive Relaxation (»Tiefenmuskelentspannung«) nach Jacobson

Diese Methode wurde von dem amerikanischen Nichtarzt Jacobson etwa zur gleichen Zeit entwickelt wie das autogene Training von J.H. Schultz. Die Methode kann heute nicht mehr als einheitliches Verfahren angesprochen werden, da es einen Wildwuchs an Abwandlungen gibt. Jeder Übungsleiter versucht noch eine persönliche Variante einzubringen, und so sollen hier lediglich die Grundzüge dargelegt werden. Es handelt sich um eine Entspannungstechnik auf der Basis physiologischer Muskelarbeit ohne den Versenkungszustand, wie er dem AT eigen ist. Sie macht sich den innigen Zusammenhang von psychischer und muskulärer Entspannung zunutze.

Die psychische Vorbereitung, das heißt das allmähliche Zurückziehen in das eigene Ich ist nur kurz gehalten. Die Übungen sollen im Liegen erfolgen und beanspruchen relativ viel Zeit. Ursprünglich als Einzelunterweisung konzipiert, wird es heute, vor allem in Kurorten, in gemeinsamen Übungssitzungen gelehrt. Diese finden in der Regel 3mal wöchentlich statt mit etwa 1 Stunde Dauer. Außerdem soll zuhause täglich 1 – 2 Stunden geübt werden und dies Wochen und Monate, bis zu Jahren. Für den gehetzten Zeitgenossen wohl ein abschreckender Aspekt.

Der Übende liegt mit geschlossenen Augen und gelockerter Aufmerksamkeit. Die Übungen beginnen mit kurzfristigem Anspannen der Strecker und Beuger der linken Hand und des linken Armes (etwa 1 Minute) und anschließend langfristiger Entspannung von etwa 10 Minuten Dauer. Später kommen die Strecker und Beuger der rechten oberen und dann der unteren Extremitäten hinzu. Erst nach mehreren Wochen oder Monaten werden die Übungen der Muskulatur des Stammes begonnen. Zum Abschluß folgt die Muskulatur im Hals-Nacken-Bereich und die mimische Muskulatur. Besonders hoch eingeschätzt wird die Entspannung der Augenbrauen und Lider, die überleiten zur Schlafbereitschaft und den Wert bei Schlafstörungen bedingen. Varianten bestehen darin, daß eine Einschränkung auf bestimmte Muskelgruppen erfolgt und das Üben zeitlich gerafft wird. Als Minimalangebot bleibt die Entspannung besonders verkrampfter Muskelpartien, wie man es zur Einleitung anderer entspannender Verfahren verwenden kann.

Weitere Abwandlungen betreffen die Bemühungen zur Überleitung auf »geistige Entspannung«. Dies geschieht über die Kontraktionserlebnisse ausdrucksintensiver Systeme, wie der Augen, des Sprechapparates usw. So wird versucht, den Mangel an Versenkung in das eigene Ich etwas auszugleichen.

Kritisch betrachtet kann man der progressiven Relaxation nach Jacobson und zumindest einem Teil der davon abgeleiteten Methoden durchaus einen ordnungstherapeutischen Wert zuerkennen. Zu bedenken bleibt nur der große tägliche Zeitaufwand und der lange Zeitraum bis zum Eintritt eines nachhaltigen Effektes. Schließlich führt sie nur über die progressive Muskelrelaxation zur psychischen Entspannung.

Atemtherapie

Dieser Begriff sollte eigentlich auf gezielte Atemübungen, wie sie bei oder nach Erkrankungen des Respirationstraktes und der beim Atemvorgang mitbeteiligten Regionen des Bewegungs- und Stützapparates angebracht sind, beschränkt werden. Für Zwecke der ordnenden Entspannung werden gezielte Atemübungen mit verschiedenen Vorstellungen und meditativen Elementen verbunden. Dazu zählen Vorstellungen wie das »Versenken in das eigene Ich« bei der Einatmung und der »Eröffnung nach außen« bei der Ausatmung.

Diese Methoden wurden vornehmlich von Nichtärzten, die sich meist beruflich mit der Atemtechnik beschäftigen mußten, eingeführt und sehr unterschiedlich interpretiert. Es hat sich auch, wenn man vom reinen Atemvorgang absieht, keine einheitliche Basis entwickelt. Die Angebote sind daher weitgehend vom individuellen Engagement des Lehrers abhängig und damit auch die Erfolge sehr unterschiedlich. Ganz allgemein wollen wir festhalten, daß der ganzheitsmedizinische Effekt eher bescheiden anzusetzen ist.

Die ärztliche Hypnose

Sie beruht auf suggestiven Einflüssen des Hypnotiseurs auf den Hypnotisierten. Es ist demnach im Gegensatz zu dem daraus entwickelten autogenen Training ein von außen eingeleiteter Vorgang, dessen Erfolg von verschiedenen Voraussetzungen abhängig ist. Vor allem bedarf es eines psychotherapeutisch geschulten Arztes oder ausgebildeten (nicht selbst ernannten) Psychotherapeuten, der den Patienten über den Ablauf des Hypnosevorganges vorinformiert. Vom Patienten muß erwartet werden, daß er die Methode akzeptiert und zur Kooperation bereit ist.

Die Wirkung tritt rascher ein als beim AT, doch muß immer berücksichtigt werden, daß es sich häufig um Augenblickserfolge handelt, die rasch wieder verlorengehen können. Daher muß in der Regel eine Langzeitbehandlung als »große hypnotische Kur« über 30 und mehr Sitzungen von jeweils 15 – 30 Minuten Dauer geführt werden. Die Behandlung kann zudem nicht in der Gruppe, sondern muß einzeln erfolgen und bedeutet daher einen großen Aufwand. Störende Einflüsse von außen können gut ausgeschaltet werden und zum Suggerieren individuell adaptierter formelhafter Vorsätze, beziehungsweise plakativer Leitsätze, wie sie in der Ordnungstherapie erwünscht sind, genügt eine oberflächliche bis mittlere Hypnoseintensität.

Die Hypnose ist aber nicht ohne Risken. Abgesehen von mißbräuchlichen Einsätzen vor Schaulustigen oder kriminellen Mißbräuchen, kann es zur Aktivierung verdrängter Wahnvorstellungen und damit verbundenen Ängsten kommen. Sie bedarf daher einer strengen Indikationsstellung.

Der Aufwand und die damit verbundenen Kosten sind wohl verantwortlich, daß die Hypnosetherapie vor allem in den Ordnungsbereichen nach Kneipp vom autogenen Training völlig verdrängt wurde. Sie findet höchstens noch zur Anbahnung des AT Verwendung, um die Trainingseffekte rascher zu erzielen.

Biofeedback

Es ist dies eine durchaus praktikable und akzeptable Entspannungsmethode, die man allerdings nicht von der Ausnützung gewisser Modetrends und geschäftlicher Möglichkeiten freisprechen kann. Feedback kann als Regelmechanismus durch Rückmeldung verstanden werden und ist der Technik entnommen. Erfaßbare Lebensvorgänge werden durch Geräte laufend erfaßt, in optische und/oder akustische Signale umgesetzt und dem Patienten rückvermittelt. Damit kann er an sich autonome Vorgänge bewußt erleben und sich in sein Inneres vertiefen.

Grundsätzlich wären alle Lebensäußerungen zu verwenden. Am meisten verwendet wird neben dem Muskel-Feedback das **»Respiratorische (Atmungs-) Feedback nach Leuner«.** Der Patient liegt in einem optisch und akustisch abgeschirmten Raum locker mit geschlossenen Augen auf einer weicheren Liege. Die Atembewegungen werden ohne den Körper zu berühren durch ein Aufnahmeelement an ein Steuergerät vermittelt, das sie in optische und akustische Signale umsetzt. Die Intensität der an- und abschwellenden Licht- und Toneinwirkungen (man verwendet Dreiklang-Orgelton oder Meeresrauschen) kann nach individuellen Empfindungen und Reflexionen variiert werden. In völliger Entspannung mit der dem AT entliehenen Übungsformel wird der eigene Atemvorgang erlebt und damit der Weg in das eigene Ich eröffnet.

Eine Behandlung wird mit 30 — 60 Minuten angesetzt und wird im allgemeinen 3mal wöchentlich wiederholt. Insgesamt sind durchschnittlich 15—25 Behandlungen erforderlich. Meist werden sie in psychotherapeutische Gespräche eingebunden und damit wird die alleinige Wirkung des Biofeedback von manchen Autoren in Frage gestellt.

Das Biofeedback ist seiner Art entsprechend an einen ziemlich großen Aufwand gebunden. Einmal muß der Raum labormäßig ausgestattet sein. Wegen der optischen Signale, die auch mit geschlossenen Augen wahrgenommen werden sollen, muß jeglicher Lichteinfall weitgehend reduziert oder ausgeschaltet sein. Auch akustische Störungen müssen weitgehend abgeschirmt sein. Zum Beispiel Straßenlärm, Telephonsignale oder WC-Spülungen in Nachbarräumen und dergleichen stören das Selbsterlebnis und stellen den Erfolg in Frage. Zudem ist ein Gerät erforderlich, das je nach Ausstattung eine nicht unbeträchtliche finanzielle Investition erfordert. Somit wird es nur wenigen Behandlungsbedürftigen möglich sein, zuhause, in den eigenen vier Wänden, Übungsmöglichkeiten zu schaffen. Die Masse muß wohl das professionelle Übungslabor in Anspruch nehmen und sich nach den Übungszeiten beim Therapeuten orientieren, das heißt, mit dem Tagewerk in Einklang bringen.

Die positive Seite ist die durchaus brauchbare maschinelle Unterstützung, die von den technisch ambitionierten Zeitgenossen gerne in Anspruch genommen wird. Die anforderungsgemäß etwas mystische Ausgestaltung des Übungslabors trägt ein Übriges dazu bei, um die Bereitschaft zum Üben einzuleiten. Nicht zuletzt kann auch dem »Bio« vor dem »Feedback« eine beeindruckende, suggestive Wirkung zugeordnet werden. Deshalb ist die Beurteilung der Methode aus der Sicht der Übenden in der Regel durchaus positiv, wenngleich finanzieller Aufwand, zeitliche Ungebundenheit und Universalität dem autogenen Training einen Vorsprung sichern.

Das Gebet

Es ist wohl völlig unkonventionell, das Gebet den ordnungstherapeutisch relevanten Entspannungsmethoden zuzuzählen. Man kann es in keiner einschlägigen Literatur aufgelistet finden, wenngleich die Rolle der Religiosität sehr wohl diskutiert wird. Es scheint uns jedoch nicht deplaziert zu sein, da es irgendwie die Wurzel aller Psychotherapie ist. Als es diese Fachdisziplin noch nicht gab, ist der bedrängte, in Not befindliche Mensch zum Priester gegangen und hat mit seiner Hilfe im Gebet wieder zu sich selbst gefunden. Dies war keine Trivialisierung des Glaubens, sondern praktizierte Religion als Lebenshilfe. Erst mit Abnahme der Religiosität und vielleicht auch durch Versagen der Interpreten und dem Zeitgeist folgend, mußten neue Wege gefunden werden.

Der moderne Mensch verlangt in jeder Lebenslage nach Methoden, die möglichst wissenschaftlich abgesichert und mit Akribie gestaltet sind. Biofeedback zu betreiben wirkt augenscheinlich eindrucksvoller als die Hände zu falten und sich im Gebet zu vertiefen! Selbst als Mediziner muß man hier aus den praktischen Erlebnissen lernen.

Aus der Praxis:

Zum Beispiel jene junge Frau, die ihren Mann durch einen Verkehrsunfall plötzlich verlor und mit drei kleinen Kindern allein gelassen war. Es fehlt an jeglicher familiärer Unterstützung, und beim ersten Kontakt in der Sprechstunde war die sehr gewissenhafte Mutter dem psychophysischen Zusammenbruch nahe. Sie klagte über Schlafstörungen, über morgendliche Kreislaufschwierigkeiten und völlige Appetitlosigkeit. Sie vermeinte, ihrer Sorgepflicht gegenüber den Kindern nicht mehr nachkommen zu können und befürchtete, die Kinder zu verlieren. Die organischen Untersuchungen ergaben keinerlei Abnormität, und das anschließende ausführliche Gespräch brachte offensichtlich eine erste Hilfe. Die Mahnung zur Bewahrung der Leistungsbereitschaft etwas Zeit für sich selbst zu finden und Kneippsche Anwendungen mit phytotherapeutischer Unterstützung zu machen, hat sie zu befolgen versucht. Nach anfänglich regelmäßigen Besuchen in der Sprechstunde, blieb sie dann längere Zeit fern und kam erst nach einem längeren Intervall wieder. Sie machte einen deutlich gelösteren Eindruck, und meine erste Frage war, ob sie einen neuen Partner gefunden hätte. Sie lehnte dies sehr entschieden ab, da sie ihre Kinder nicht einem ihnen unter Umständen wenig zugetanen Menschen aus-

setzen möchte. Ihre Erklärung war schlicht und einfach: »Herr Doktor, ich habe wieder beten gelernt! Jetzt habe ich wieder mein Selbstvertrauen, mein Selbstbewußtsein, damit ich meinen Kindern eine gute Mutter sein und auch den Vater ersetzen kann!«

Oder der Landwirt, der nach der Geburt des vierten Kindes seine Frau durch eine Embolie verlor und mit dem Hof und den Kindern allein dastand. Der an sich religiöse Mensch hat sich in dieser schwierigen Situation durch das Gebet seine physische und psychische Leistungsfähigkeit bewahrt. Heute, lange Jahre danach, erinnert er sich an diese »schwierigsten Jahre seines Lebens« mit echter Befriedigung des erfüllten Lebens. Immer wenn er an den Alltagssorgen und Mühen zu zerbrechen drohte, zog er sich zum Gebet zurück, und nachher war »zumindest in der Ferne immer ein Lichtschimmer zu sehen«.

Diese beiden Beispiele mögen den Wert des Gebetes unterstreichen und seine ordnungstherapeutische Integration rechtfertigen. Selbstverständlich ist die Brauchbarkeit von der persönlichen Einstellung abhängig; wobei man bedenken sollte, daß das Bedürfnis nach Religiosität und Spiritualität ein urmenschliches Anliegen ist, das gerne aus gesellschaftlichen Gründen, oder warum immer, verdrängt wird. Erst in Extremsituationen wird sich ihrer wieder besonnen, wie der alleingelassene schwerverletzte junge Soldat im Feindesland, der im Gebet die letzte Überlebenschance suchte. Heute, viele Jahre danach, spricht er distanziert von »dieser größten Klippe« seines Lebens und sieht weniger die damalige existentielle Not, als vielmehr den Wendepunkt, wo er, bis dahin nicht sehr gläubig, den Wert des Gebetes schätzen lernte. So konnte er in seinem weiteren Leben viele schwierige Situationen dank der Vertiefung mit gefalteten Händen meistern.

Wenn also die einstellungsmäßigen Voraussetzungen gegeben sind, kann mit dem rituellen Falten oder Verschränken der Hände und Arme ein Vertiefungsprozeß eingeleitet werden. Dies kann in einer Kirche genauso gut erfolgen wie in einer Moschee oder einem Tempel. Die Glaubensrichtung ist völlig sekundär. Das Bethaus schließt nach außen ab und öffnet durch seinen Gesamteindruck das Tor in tiefere Bereiche. Die Mystik des Biofeedback-Labors scheint hier entnommen zu sein oder hat zumindest ähnlichen Effekt…

Die Vertiefung, die der Gläubige auch in anderer Umgebung praktizieren kann, und das hingebungsvolle »Zwiegespräch« mit einer höheren Macht befreien von Ängsten und Zwängen und tragen zur Selbstfindung bei. Losgelöst von den Fesseln des Alltags wird an die Hilfe des großen Lenkers apelliert, und wie beim autogenen Training werden formelhafte Vorsätze oder plakative Leitsätze deponiert. Der Glaube als mächtiger Wegbereiter führt sie zum Erfolg, zum Erreichen des gesetzten Zieles.

In diesem Sinne wollen wir das Gebet, neben seinem weitreichenden religiösen Inhalt, auch als ordnungstherapeutisches Instrumentarium betrachten. Es ist ein Bindeglied zwischen Arzt und Priester, Berufe die Sebastian Kneipp beide in sich vereinigte.

ANHANG

Der Leser findet in diesem Buch eine Reihe von Ratschlägen für seine Lebensführung. Um dies durch die anderen vier Komponenten der Kneipptherapie sinngemäß ergänzen zu können, im nachfolgenden kurz gefaßt einige grundsätzliche Erklärungen über die wichtigsten Anwendungen in der Praxis. Hier finden sich auch die in den Behandlungsplänen verwendeten Abkürzungen.

Kneippsche Hydrotherapie

Die Wasserbehandlung nach Sebastian Kneipp ist in erster Linie eine **Thermotherapie.**
Das heißt, es werden mittels des Wassers auf verschiedenem Wege Temperaturreize auf bestimmte Körperregionen (siehe Vorstellung der Regelkreise) aufgetragen. Die verwendete Temperaturskala reicht von kalt bis heiß.

Kaltreize:

8 – 15 Grad sehr kalt
16 – 22 Grad kalt
23 – 28 Grad kühl

Indifferent:

29 – 32 Grad

Warmreize:

33 – 38 Grad warm
39 – 40 Grad sehr warm
41 Grad und heißer

Kneipp erdachte zu den vorher bereits üblichen Wasseranwendungen die Güsse, die eine besonders feine Abstimmung der Reizintensität erlauben. Pflanzliche Zusätze zu Bädern, Wickeln und Auflagen können deren Wirkung verstärken. Es kommt dann zum thermischen Reiz ein chemischer hinzu. Die Wirkstoffe werden nachweislich durch die Haut und zum Teil auch durch Inhalation aufgenommen.

Modern adaptiert können wir folgende hydrotherapeutische Anwendungsformen anbieten:

1. Güsse

Ausführung mit Kneippschlauch (3/4 Zoll Durchmesser) oder mit Brauseschlauch, von dem der Brausekopf abgeschraubt wurde. Das Wasser darf nur mit geringem Druck entweichen. Die zu begießende Körperregion muß ausreichend warm sein und muß nach Kaltanwendungen wieder ausreichend erwärmt werden.

Vorwiegend verwendet werden:

Einfache Güsse

Armguß (A) beide Arme, beginnend beim rechten kleinen Finger
Armguß verlängert (A verl.) beide Arme unter Einschluß der Schultergelenke
Oberguß (O) gesamter Oberkörper ohne Kopf
Rückenguß (R) Rückenpartie bis zum Nacken bei vorgebeugter Haltung
Vollguß (V) gesamter Körper ohne Kopf
Gesichtsguß (Gs) Gesicht
Knieguß (K) beide Unterschenkel von den Zehen bis über die Kniegelenke
Schenkelguß (S) beide Beine in ihrer ganzen Ausdehnung
Schenkelguß verlängert (S verl.) beide Beine unter Einschluß des Gesäßes
Unterguß (Ug) beide Beine und Unterkörper bis zur Gürtellinie unter Aussparung der Genitalien

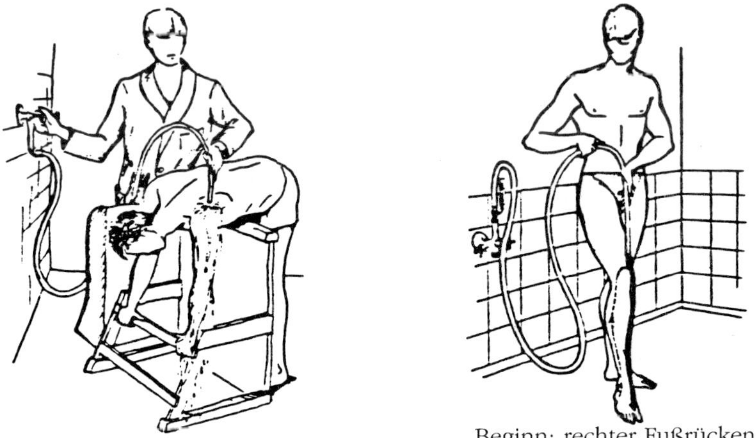

Zuerst rechts, dann links

Beginn: rechter Fußrücken
Abschluß: Fußsohlen

Wechselgüsse (We)

Ausdehnung nach erwünschtem Effekt bzw. nach der Heilanzeige. In der Regel warm beginnend und kalt abschließend. Bei sich reaktiv schlecht erwärmenden Patienten Abschluß warm, abtrocknen, ankleiden. Warm wird zeitlich länger ausgedehnt, kalt kürzer. Meist zwei- bis dreimaliger Wechsel. Temperaturen: warm ca. 35°, kalt ca. 15°.

Blitzgüsse (vorwiegend als Rückenblitzguß)

Erfordert Kneippschlauch mit Spritzdüse und ist daher Kneippkuranstalten vorbehalten. Das Wasser entweicht mit 3 Atü Druck und wird vom Bademeister als Strahl auf den etwa 3 – 4 m entfernten Patienten gerichtet. Intensive Anwendungen, bei denen zur thermischen Komponente die mechanische hinzukommt.

2. Bäder

Bereich (Ausdehnung):

Armbad (Ab) beide Arme bis über die Ellbogengelenke in Armkneipper oder Waschmuschel; Wechselarmbäder in Doppelabwäsche oder zwei Armkneippern

Fußbad (Fb) bis handbreit unter dem Knie
nur in Fußkneippern gut möglich, da gewöhnliche Eimer zu kleine Grundfläche haben

Sitzbad (Sb) in Sitzbadewanne, Beine und Oberkörper außerhalb des Wassers, bei warmen Bädern mit Decke abdecken

Vollbad (Vb) in der Badewanne, der ganze Körper ist bis zur Halsregion im Wasser

Dreiviertelbad (3/4 B) Wasser reicht bis zur halben Brusthöhe

Halbbad (Hb) Wasser reicht bis zur Gürtellinie

Einfache Bäder:

Kaltbäder beschränken sich meist (mit Ausnahme bei speziellen Heilanzeigen) auf Ab und Fb.

Kaltes Armbad

Wechselfußbad

Wechselbäder (WeFb etc.)

Sie beschränken sich vorwiegend auf Ab und Fb.
In der Regel wird wie bei den Wechselgüssen warm begonnen und kalt abgeschlossen. Bei schlechter reaktiver Wiedererwärmung trotz ausreichender Bewegung Abschluß warm. Temperaturdifferenz nach individueller Verträglichkeit und Heilanzeige. Warm fünf Minuten lang und kalt nur 10 – 15 Sekunden. Meist zwei- bis dreimaliger Wechsel.

Ansteigende Bäder:

Vor allem als ansteigendes Armbad (anst. Ab) zur Beeinflussung der Herzkranzgefäße und/oder der Gehirngefäße. Armbad beginnend mit 32°, pro Minute um 1° steigern bis 42°. Bei der Endtemperatur noch 5 Minuten verweilen. Anschließend abtrocknen und Arme bekleiden.

Bäder mit Zusätzen:

Als Teil- bis Vollbäder mit Temperaturen zwischen 36° und 38° und einer Zeitdauer von 15 – 20 Minuten.
Verwendet werden selbstbereitete Gesamtauszüge aus Drogen, industriell hergestellte Badezusätze oder feinst zerkleinerte Drogen in Form von Pasten.

Zugesetzt werden für ordnungstherapeutische Zwecke vorwiegend:	
Fichtennadel	kreislaufanregend, bei Neuralgien und Weichteilrheumatismus
Baldrian	ausgleichend, beruhigend
Melisse	ausgleichend, beruhigend
Kalmus	allgemein anregend
Rosmarin	allgemein anregend, blutdrucksteigernd, durchblutungsfördernd
Lavendel	ausgleichend, erfrischend, anregend
Schafgarbe	vegetativ ausgleichend, krampflindernd, entzündungshemmend

3. Waschungen und Bürstungen

Waschungen werden mit vierfach gefaltetem Lappen, der mit Wasser getränkt ist, durchgeführt. Zur Anwendung kommen **Oberkörperwaschungen** (OKW, Oberkörper und beide Arme), als kalte Waschung am Morgen zur Anregung des Kreislaufs mit einer halb- bis einstündigen Nachruhe. Es werden zuerst die Arme von den Händen bis zur Schulter und an der Innenseite bis zur Achselhöhle bestrichen; anschließend folgen Brust und Rücken. Die ganze Waschung soll vierzig bis sechzig Sekunden nicht überschreiten. Nachher nicht abtrocknen, sondern in ein Badetuch einschlagen und ins warme Bett zurück.

Armwaschungen dienen als Ergänzungstherapie bei schweren Allgemeinerkrankungen. **Ganzkörperwaschungen** schließen den ganzen Körper unter Ausschluß des Kopfes ein. Sie zählen zu den reizintensivsten Behandlungen.

Bürstungen werden mit einer der Empfindlichkeit der Haut angepaßten Bürste durchgeführt. Gebürstet wird in Richtung Herz, wobei am herzfernsten Punkt – das ist der re Vorfuß – begonnen wird. Sie dienen dem Rücktransport des schlackenbeladenen Blutes zum Herzen und fördern die Frischversorgung der Gewebe. Prinzipiell eine kreislaufanregende Wirkung.

Neben der Trockenbürstung kann man durch Bürstenmassage im Wasser bei kreislaufanregenden Bädern deren Intensität verstärken.

4. Wassertreten, Taulaufen, Schneelaufen

Wassertreten kann in eigenen Tretanlagen, aber auch in jeder Badewanne und in Freigewässern mit einer Wasserhöhe von ca. 30 cm durchgeführt werden.

Die warmen Beine werden 30mal im Storchengang in das Wasser getaucht. Anschließend wird das Wasser abgestreift und auf der Stelle warmgelaufen.

Beim **Taulaufen** wird mit vorher gut warmen Beinen im langsamen Trott durch nicht zu niedriges, taufrisches Gras gelaufen. Anschließend wieder für gute Erwärmung sorgen. Das Gleiche gilt für das **Schneelaufen.**

Taulaufen und Schneelaufen machen Spaß, sind aber situationsgebunden. Ihre Wirkung ist dem immer praktizierbaren Wassertreten nicht überlegen.

5. Wickel und Auflagen

Bei diesen Anwendungen wird der Temperaturreiz durch gut saugfähiges, grobporöses Leinen, das in Wasser getränkt wird, auf eine bestimmte Körperregion aufgebracht. Die Wirkung kann durch Zusatz pflanzlicher oder auch anorganischer Wirkstoffe gesteigert werden.

Über das Wickelleinen als eigentlicher Reizträger kommt ein isolierendes Zwischenleinen und abschließend eine Wolldecke. Die Größe eines Wickels oder einer Auflage ist der zu behandelnden Körperregion angepaßt.

Warme Wickel und Auflagen bewirken eine Mehrdurchblutung, fördern den Abbau chronisch entzündlicher Veränderungen und steigern die Regenerationskraft der Gewebe. Bei entsprechender Ausdehnung gibt es auch Organ- und Allgemeinwirkungen.

Kalte Wickel und Auflagen dienen dem lokalen (bei umschriebenen Entzündungen) oder allgemeinen (bei Fieber) Wärmeentzug. Sie werden nach Erwärmung abgenommen und gegebenenfalls erneuert.

Schweißtreibende Wickel werden nach Möglichkeit kalt angelegt und so lange belassen, bis eine kräftige Schweißproduktion eintritt. Um das zu erreichen muß der Wickel eine entsprechende Ausdehnung haben und der ganze Patient mit Decke und Federbett eingeschlagen werden.

Der Ausdehnung entsprechend werden folgende Wickel verwendet:	
Bezeichnung	Ausdehnung
Fußwickel (Fw)	Fuß bis zum Sprunggelenk
Wadenwickel(Ww)	vom Sprunggelenk bis unterhalb des Kniegelenkes
Handwickel (Hw)	Hand bis über die Handwurzel
Armwickel (Aw)	Arm bis zur Achselhöhle
Halswickel (Hw)	die gesamte Halsregion
Brustwickel (Bw)	Brustkorbbereich
Lendenwickel (Lw)	von Gürtellinie abwärts bis über die Hüftgelenke
Kurzwickel (Kw)	von der Achselhöhle bis zu den Leistenbeugen
Ganzwickel (Gw)	ganzer Körper ohne Kopf
Auflage	z. B. Herz (Af Herz)

Reihenfolge der Wickeltücher

Reihenfolge von innen nach außen:
1. Nasses Tuch
2. Zwischtuch
3. Wolldecke

Zug-Gegenzug-Verfahren beim Wickel

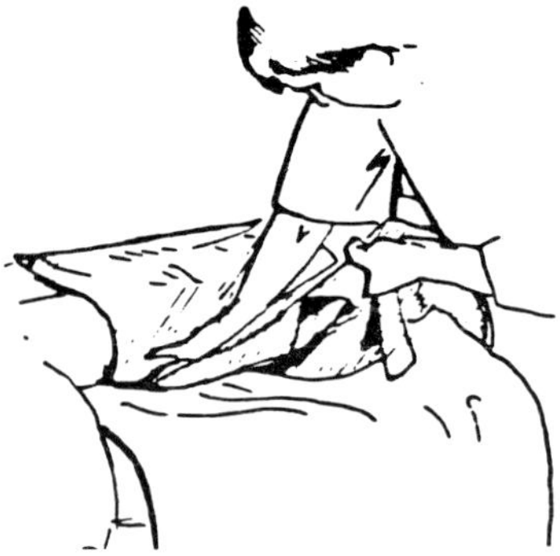

Wichtig: Wickel muß schnell und fest angelegt werden

Lendenwickel

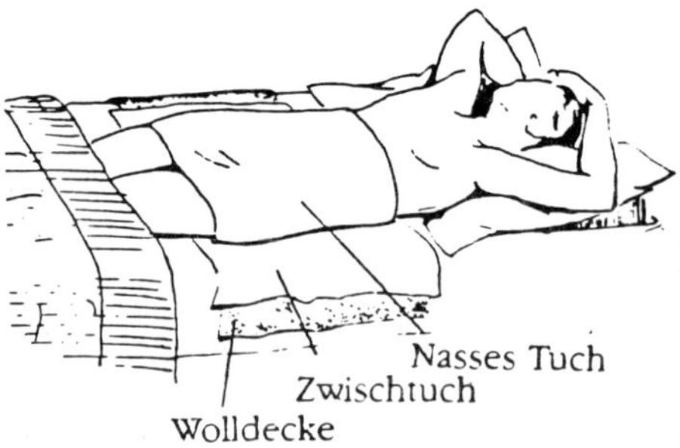

6. Heusack

Der Heusack

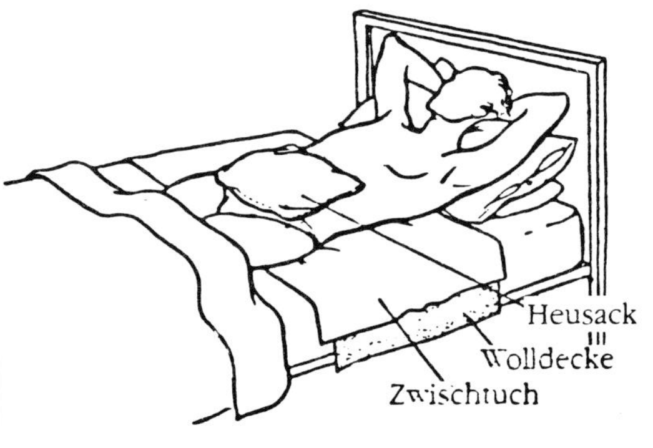

Eine Sonderform der heißen Auflagen, die Sebastian Kneipp noch nicht kannte, ist der Heusack.

Man gibt die vom trockenen Wiesenheu abfallenden kleinen Blüten und Blätter, die als Heublumen bezeichnet werden (am besten den »Rest« auf der Tenne), in einen groben Leinensack. Der Heusack wird 10 Minuten im Dunst erhitzt (Dunsttopf mit Rost). Dann bringt man ihn gut warm, aber nicht zu heiß, mit einem Wikkel fest an den Körper. Dauer: 1/2 — 1 Stunde.

7. Sauna

Bei entsprechender Eignung des Patienten kann die Sauna einmal wöchentlich in die Kneippsche Hydrotherapie eingebaut werden.

Die Sauna wird nach der heute üblichen Diktion nicht der Kneipp'schen Hydrotherapie zugezählt. Sie kann sich aber in »unmittelbarer Nachbarschaft« ansiedeln und kann als sinnvoller Bestandteil in ein ordnungstherapeutisches Konzept eingebaut werden.

Die Sauna ist ein trockenes Heißluftbad, das durch eine geringe Luftfeuchtigkeit (Wasser leitet Wärme 27mal besser als Luft) hohe Temperaturbereiche und ausgiebige Schweißabgabe gestattet. Es kommt zu einem Wärmestau mit einer Erhöhung der Körperkerntemperatur um etwa 1°, während die Temperatur der Körperschale bis zu 10° ansteigt. Zum Abschluß kann, muß aber nicht, durch Erhöhung der Luftfeuchtigkeit mittels des »Aufgusses« ein kräftiger Hitzestoß und damit zusätzlicher Reiz gesetzt werden.

Nach Verlassen des Heißluftraumes wird mit kaltem oder temperiertem Wasser (Guß) und kühler Luft abgekühlt. Kaltes Tauchbecken: Nur für ganz gesunde Menschen (Blutdruckanstieg beträchtlich).
Nach der Abkühlung soll immer eine entsprechende Pause eingelegt werden. In der Praxis hat sich eine halbstündige Folge der »Saunagänge« bewährt.

Mit dem Wechsel von Heißluftkammer und Abkühlung folgt man den Kneipp-Prinzipien der Wechselanwendung.

Abstufungsmöglichkeiten bestehen durch verschiedene Temperaturwahl, wobei die Temperatur von unten nach oben pro Stufe etwa 15° ansteigt. Weiters kann man zur milderen Benützung auf den Aufguß verzichten und zusätzlich können Kreislauflabile durch Liegen mit Beinhochlagerung einen Kollaps verhindern. Sie müssen sich dann allerdings langsam, etappenweise aufrichten, ehe sie die Heißluftkammer verlassen. Die intensivere Belastung ist allerdings die Abkühlung, die mit dem Kneippschlauch behutsam und schonend erfolgen kann.

Nie gehetzt und unter Zeitdruck die Sauna benützen und vorher den Bauch nicht vollschlagen. Es sollen vorher Blase und Darm ausgiebig entleert werden. Lediglich vorherige reichliche Flüssigkeitszufuhr in Form von Tee oder Fruchtsäften ist empfehlenswert. Alkohol sollte man vorher und zwischendurch lieber sein lassen.

Durch die Wärme wird der Bewegungsapparat aktiviert und deshalb darf von einer Massage zwischen zwei Saunagängen ein besonders guter Effekt erwartet werden.

Altersmäßig gibt es keine Begrenzung. Schon Kleinkinder können in die Sauna mitgenommen werden. Auch nach oben hin ist kein altersmäßiges Limit zu setzen, vor allem wenn die Sauna regelmäßig benützt wird. Einen Erstbesuch im hohen Lebensalter (etwa über 70 Lebensjahre) lehnen wir allerdings ab, da die Wirkung schwer kalkulierbar wird.

Bester Effekt: Einmal wöchentlich in die Sauna.

Krankheiten, die die Sauna verbieten

1. Akute Erkrankungen, vor allem wenn sie mit Fieber einhergehen
2. Chronische Infektionskrankheiten, z. B. Tuberkulose
3. Bösartige Tumore
4. Epileptische Anfälle
5. Hochdruckkrankheit mit Werten über 200/100
6. Dekompensierte Herzkrankheiten mit Wasser in den Beinen (Oedemen, Atemnot in Ruhe oder bei geringer Belastung und schwere Angina pectoris Anfälle)
7. Bei psychischen Erkrankungen nur mit Zustimmung des Arztes

Die Saunaregeln

1. Zur Sauna genügend Zeit einplanen
2. Keine ausgiebige Mahlzeit vor der Sauna
3. Vor der Sauna Blase und Mastdarm entleeren und Tee oder Fruchtsäfte trinken
4. Vor der Heißluftkammer aus Gründen der Hygiene und zum besseren Schwitzen eine gründliche Reinigungsdusche
5. In der Heißluftkammer ruhig sitzen oder liegen ohne viel zu sprechen
6. Der Aufguß soll den Abschluß bilden, nachdem vorher schon kräftiger Schweißausbruch eingetreten ist
7. Kreislauflabile sollen sich langsam etappenweise aufrichten
8. Milde Abkühlung mit Kneippschlauch, kräftiger ist die Schwallbrause, und das Tauchbad ist eine beträchtliche Belastung
9. Abkühlung der Atemwege in einem Freiluftraum und anschließend etwas ruhen
10. Wiederholung des Saunaganges nach einer halben Stunde und insgesamt 2 bis maximal 4 Saunagänge

Kein Imponiergehabe! – Im Zweifelsfall den Arzt fragen!

Grundbedingungen der Kneippschen Hydrotherapie

1. Der Behandlungsraum (Zimmer, Bad) soll durchschnittlich temperiert sein
2. Im Behandlungsraum keine Zugluft
3. Vor Kaltanwendungen ausreichende Erwärmung durch Bewegung oder warme Vorbehandlung
4. Eine Reaktion auf Kaltreiz erfordert funktionstüchtige Gefäße
5. Bei arteriellen Durchblutungsstörungen keine Kaltanwendungen
6. Nach Kaltreizen nicht abtrocknen, sondern Wasser nur abstreifen und die Wiedererwärmung durch Bewegung finden
7. Nach Warmreizen abtrocknen (Verdunstung vermeiden) und ankleiden um Wärme zu bewahren
8. In der Serie mild beginnen und allmählich steigern
9. Nur so weit den Körper entblößen, als für die Behandlung notwendig ist
10. Bei Wechselanwendungen lang warm, kurz kalt (bei Wechselbädern 5 Minuten warm, 10 – 15 Sekunden kalt)
11. Wechselanwendungen prinzipiell kalt abschließen. Nur bei schlechter Wiedererwärmung warm
12. Bei Wechselanwendungen zwei- bis dreimaliger, maximal viermaliger Wechsel
13. Bei Güssen möglichst entspannte Haltung
14. Zu Teilbädern möglichst bequeme, körpergerechte Sitzmöbel verwenden
15. Nach jeder Anwendung den exogen ausgelösten Reaktionsablauf in Ruhe ausklingen lassen
16. Nachfolgende Anwendungen frühestens in zwei Stunden (Dauer der exogenen Periodik)
17. Möglichst tägliche Anwendungen, da sonst Serieneffekt ausbleibt

Kneippsche Bewegungstherapie

Bewegungstherapie, als eine der Komponenten der Kneipptherapie, ist ganz allgemein auf ein systematisches Training für Herz und Kreislauf und für den Bewegungsapparat ausgerichtet. Daneben soll sie die bewegungsabhängigen Organfunktionen fördern oder regulieren. Nicht zuletzt soll sie einen psychischen Gewinn im Sinne von Freude, Spaß und Selbstbestätigung bringen. Davon abzugrenzen sind bestehende Organveränderungen, die verständlicherweise gezielte Programme erfordern.

Das allgemeine, der Ordnungstherapie dienende Konzept orientiert sich nach Ausdauer und Koordination, weniger nach Kraft. Dementsprechend sind auch die einzelnen Bewegungsformen einzuordnen. Die **Gymnastik** wird reines Krafttraining ausschließen und dem **Wandern** als Kombination von Bewegung, Erbauung und Freude muß eine Vorrangstellung eingeräumt werden.

Laufen (Joggen) ohne falschen Ehrgeiz ist bei individueller Eignung dem Wandern gleichzusetzen. Das gilt auch für **Schwimmen, Radfahren** und für den **Schilanglauf.** Das sind alles Sportarten, wo mit Ausdauer und dem ausgeglichenen Zusammenspiel einzelner Muskelgruppen (Koordination) ein Training für geordnete Funktionsabläufe aufgebaut werden kann. Tennis, Alpinschilauf, Kraftkammer und Leistungssport ganz allgemein folgen nicht diesen Prinzipien.

Mit einem nach obigen Richtlinien gestalteten Bewegungsprogramm wird die Kneippsche Hydrotherapie sinnvoll ergänzt und darüber hinaus in ihrer Wirkung gesteigert.

Kneippsche Phytotherapie

Sebastian Kneipp hat mit der Integration der Heilpflanzen in sein Therapiekonzept sehr wesentlich zur Renaissance der Phytotherapie beigetragen. Heute verstehen wir darunter vor allem den Gebrauch der sogenannten milden Arzneipflanzen, die ihre optimale Wirkung durch längerfristigen, seriellen Gebrauch erzielen. Stark wirkende Heilpflanzen werden als spezielles Gebiet betrachtet, da ihre hochwirksamen Hauptbestandteile nur in feinster Dosierung angewendet werden dürfen.

Für ordnungstherapeutische Zwecke gibt es keine »Patentheilpflanze«, mit der man alles regulieren kann. Wohl aber gibt es eine Reihe milder Phytotherapeutica, mit denen man als Tee oder sonstigen Auszug und zum Teil auch als Fertigpräparate Einzelsymptome bekämpfen kann. Sie dürfen nicht als Ersatz, sondern lediglich als Ergänzung für die empfohlenen ordnungstherapeutischen Maßnahmen angesehen werden.

Hier eine Auswahl jener Heilpflanzen, die bei entsprechenden Symptomen des gestörten Ordnungsgefüges eingesetzt werden können.

Baldrian	beruhigend
Melisse	beruhigend, krampflösend, verdauungsfördernd
Hopfen	beruhigend, schlaffördernd, appetitanregend
Lavendel	mild beruhigend, erfrischend durch Geruch
Johanniskraut	beruhigend, antidepressiv
Brechnuß	Anregung des Nervensystems
Weißdorn	mehrschichtige Herz-Kreislauf-Wirkung
Knoblauch	gefäßprotektiv, blutdrucksenkend
Arnika	gefäßentspannend, herzentlastend
Herzgespann	gegen Rhythmusstörungen des Herzens
Ginsengwurzel	allgemein anregend, leistungsfördernd
Mistel	milde Blutdrucksenkung
Olivenblätter	milde Blutdrucksenkung
Rosmarin	kreislaufstützend, blutdruckanhebend
Besenginster	gegen Rhythmusstörungen des Herzens
Kamille	entzündungshemmend, krampflösend, verdauungsfördernd
Pfefferminze	gegen Verdauungsstörungen
Kalmus	appetitanregend
Engelswurz	appetitanregend, verdauungsfördernd
Benediktenkraut	appetitanregend
Isländisches Moos	magensaftlockend, Schutz für Magen- und Bronchialschleimhaut
Kümmel	Förderung normaler Verdauung
Fenchel	Förderung normaler Verdauung, Mittel gegen Bronchitis
Anis	Förderung normaler Verdauung, Mittel gegen Bronchitis
Schöllkraut	krampflösend, Anregung des Gallenflusses
Löwenzahn	harntreibend, Förderung des Gallenflusses, Stoffwechselwirkungen
Rettich	darmregulierend, Förderung des Gallenflusses
Wermut	Anregung der Verdauungsproduktion
Mariendistel	Leberschutzprinzip, Anregung der Magensaftproduktion
Odermennig	mild durchfallhemmend, Anregung der Magensaftproduktion
Schafgarbe	mild krampflösend, mild entzündungshemmend, Magensaftlocker
Artischocke	leber- und gallewirksam, Magensaftlocker

Kneippsche Vollwerternährung

Hier sei auf die ausführlichen Darlegungen im Abschnitt »Ernährung« ab Seite 100 verwiesen, wo alle ordnungsstörenden Momente besprochen und ordnungsgerechte Verhaltensweisen dargelegt wurden.

Zum Ausklang

Die moderne Zivilisation hat uns eine Fülle von Annehmlichkeiten gebracht. In der westlichen Welt wurde ein erheblicher Wohlstand erarbeitet, und die überaus erfolgreiche medizinische Forschung hat zahlreiche Gefahren gebannt. Die Lebenserwartungen konnten beträchtlich gesteigert werden.

Trotz aller großartigen Errungenschaften, oder vielleicht gerade deshalb, ist das »Menschsein« in den Hintergrund gedrängt worden, und zahllose Zeitgenossen sind mit sich und der Welt unzufrieden. Allerorts türmen sich psychische Belastungen auf und überfordern die Menschen. Die Folge sind vielfältige, mehr oder weniger ausgeprägte Beschwerden, die die Lebensqualität beeinträchtigen und in Organerkrankungen münden können.

Sebastian Kneipp hat sehr früh diese zur Zeit seines Wirkens erst heraufkommenden Gefahren erkannt und Gegenmaßnahmen ersonnen. Er hat sich nicht nur um die Beseitigung bestehender Beschwerden bemüht, sondern sich auch Gedanken zu deren Verhinderung gemacht. Mit seinem Buch »So sollt ihr leben« erwies er sich, dem damaligen kurativ ausgerichteten Weltbild der Medizin weit vorauseilend, als früher Vorbeuge-»Mediziner«. Seine Empfehlungen haben auch heute, nach mehr als hundert Jahren, weitgehend Gültigkeit.

Sinngemäß erweitert, vertieft und wissenschaftlich untermauert, stellt sich seine Lehre am Ausgang des zwanzigsten Jahrhunderts als ganzheitsmedizinisches Instrumentarium zur bestmöglichen Bewältigung aller zivilisatorischen Gefahren dar. Die fünf Komponenten bieten in ihrer Komplexität jene Mittel und Wege, die uns helfen im Leben zu bestehen, unseren Aufgaben gerecht zu werden, Zufriedenheit zu finden und am Ende des Lebensweges auf ein erfülltes Leben zurückblicken zu können. Diese großen Ziele mögen für die Mühen, die zu ihrer Erreichung notwendig sind, entschädigen.

Dieses Buch versucht möglichst vielen Menschen eine brauchbare Hilfe zu eröffnen. Mit der Durchleuchtung aller wesentlichen Lebensbereiche sollen jedem Leser praktikable Lösungsvorschläge angeboten werden. Es kann natürlich nur ein »Wegweiser« sein, denn die Bewältigung liegt voll und ganz in der Hand des Betroffenen.

Er muß seinen Standort suchen, seine Lebensphasen analysieren und alle Fehlbelastungen aufdecken. Ordnungstherapie wird nur dann optimale Hilfe bringen, wenn **alle** Störfaktoren ausgeschaltet oder zumindest kompensiert werden. Einzelmaßnahmen müssen Stückwerk bleiben und lassen bestenfalls Augenblicksschwierigkeiten bewältigen. Die komplexe Lehre Sebastian Kneipps hingegen, die Körper und Psyche gleichermaßen erfaßt, verhilft zu Wohlbefinden und zu einem lebenswert gestalteten Leben.

Literaturhinweise

Dr. W. Brüggemann: Kneipptherapie; Springer-Verlag, 1980.

Dr. W. Brüggemann: Wohin gehen wir?; Verlag des Österreichischen Kneippbundes, 1991 (Reihe: Lebenshilfe mit Kneipp).

Univ.-Prof. Dr. Otto Fleiß: Gesundheit durch Bewegung – 2 dynamische Bewegungsprogramme als Wirbelsäulen- und Kreislauftraining mit Musik; Verlag des Österreichischen Kneippbundes, 1991.

Univ.-Prof. Dr. Otto Fleiß: Unsere Wirbelsäule; Verlag des Österreichischen Kneippbundes, 1991, 3.

J. H. Kaiser: Das große Kneippbuch; Ehrenwirth-Verlag, 1985.

OMR Dr. Hans Krammer: Der Weg zu Gesundheit, Lebensfreude, Erfolg; Herausgeber: Internationale Konföderation der Kneippbewegung, Bad Wörishofen.

OMR Dr. Hans Krammer: Die moderne Kneipptherapie; Verlag des Österreichischen Kneippbundes, 1987.

OMR Dr. Hans Krammer: Wohin zur Kneippkur; Verlag des Österreichischen Kneippbundes, 1986.

Univ.-Prof. Dr. Michael Kunze: Cholesterin – Die 200 besten Rezepte mit wenig Cholesterin; Verlag des Österreichischen Kneippbundes, 1990, 2.

Prof. Mag. pharm. Otto Maertens: Mein Heilkräuterbuch nach Sebastian Kneipp; Verlag des Österreichischen Kneippbundes, 1987.

Mag. pharm. Mannfried Pahlow: Das große Buch der Heilpflanzen; Verlag Gräfe & Unzer, 1987.

OMR Dr. F. Schuster: Essen à la Kneipp; Verlag des Österreichischen Kneippbundes, 1988, 2.

Rudolf Fritz Weiss: Lehrbuch der Phytotherapie; Hippokrates-Verlag Stuttgart, 1982, 2.

PRIORAT DER ZISTERZIENSERINNEN

MARIENKRON

KNEIPPKURHAUS — ENTSPANNUNGSZENTRUM
ANERK. AMBULATORIUM FÜR PHYSIOTHERAPIE

Im modernen Kneippkurhaus der Zisterzienserinnen haben Erholungssuchende die beste Möglichkeit, sich zu entspannen und den eigenen Körper wieder zu erleben, ihn zu bewegen und zu entlasten.

Kurangebot:
In Marienkron gelangen Kneippkuren und Massagen zur Anwendung. Die Kurgäste haben neben Entspannungsübungen, Meditationen, Kommunikationsrunden und Yoga auch ausreichend Möglichkeit, das vielfältige Angebot an

Diätangebot:
Den Gästen stehen alle Diät-Behandlungsformen zur Verfügung.

- Vegetarische Vollwertkost
- Schonkost
- Reduktionskost
- Schaukeldiät
- Saft- und Teefasten zur Entschlackung und Gewichtsreduktion

Bewegungsformen wie Gymnastik, Schwimmen, Laufen, Tennis usw. in Anspruch zu nehmen. Weiters werden in Marienkron Aslankuren, Mega-Vitamin-Kuren, Sauerstofftherapie, Neuraltherapie, Akupunktur, Homöopathie und Chiropraktik durchgeführt. Eine Kosmetikerin kommt regelmäßig ins Haus.
Das neue Hallenbad bietet die besten Voraussetzungen für die Unterwasser- und Bewegungstherapie.
Den Kurgästen steht eine Teebar mit den verschiedensten Kräuterteesorten zur Verfügung.

Leitung: Priorat der Zisterzienserinnen · 7123 Mönchhof · ☏ 02173/80205

DR. MED. WOLFGANG BRÜGGEMANN

»Lebenshilfe mit Kneipp«, 2. Band

Wohin gehen wir?

Umfang: 150 Seiten, Paperback
Verkaufspreis: öS 155.–

Der Autor, Dr. med. Chefarzt Wolfgang Brüggemann, ist einer der anerkanntesten Kneippärzte ganz Europas und hat sich jahrzehntelang für die Kneipptherapie eingesetzt.

Dr. Wolfgang Brüggemann ist Herausgeber und Mitautor des Lehrbuches »Kneipptherapie«, das für jeden Arzt unerläßliche Werk über die Kneipplehre.

Der zweite Band der Reihe »Lebenshilfe mit Kneipp« beschäftigt sich vor allem mit der Chronobiologie, der Rhythmologie und den Sinnfragen des Lebens.

INHALT:
- Ordnungstherapie
- Der Mensch auf der Suche nach dem Sinn
- Medizin im Wandel
- Aggression
- Über das Glück
- Freizeit-Gesundheits- oder Risikofaktor
- Schulmedizin und Naturheilkunde
- Die alten und die neuen Werte
- Die Angst
- Die Faszination aus dem Osten
- Intellektuelle Redlichkeit und Glaube
- Wohin gehen wir?
- Alt werden und alt sein
- Darf die Medizin, was sie kann?
- Umgang mit der Freiheit
- Esoterik
- Anhang: Kurzer Überblick über die Kneipptherapie

Erhältlich im Buchhandel und beim Verlag des Österreichischen Kneippbundes, Kunigundenweg 10, 8700 Leoben, Telefon 03842/24094-0.